Sonja Galkin

KÜNSTLICHE INTELLIGENZ – DEIN TICKET IN DIE ZUKUNFT

AF279544

Sonja Galkin

KÜNSTLICHE INTELLIGENZ – DEIN TICKET IN DIE ZUKUNFT

Ein kompakter Einstieg

Bibliografische Information der Deutschen Nationalbibliothek:
Die Deutsche Nationalbibliothek verzeichnet diese Publikation
in der Deutschen Nationalbibliografie; detaillierte bibliografische Daten sind im Internet über http://dnb.dnb.de abrufbar.

Die automatisierte Analyse des Werkes, um daraus Informationen insbesondere über Muster, Trends und Korrelationen
gemäß §44b UrhG („Text und Data Mining") zu gewinnen, ist
untersagt.

© 2025 Dr. Sonja Galkin

Lektorat: Brigitte Lehmann

Verlag: BoD · Books on Demand GmbH, Überseering 33,
22297 Hamburg, bod@bod.de

Druck: Libri Plureos GmbH, Friedensallee 273, 22763 Hamburg

ISBN: 978-3-8192-9637-6

Für meinen Bruder Lars,

der mich immer wieder motiviert hat,
meine Ideen nicht nur zu denken,
sondern sie auch in die Tat umzusetzen.

INHALT

WILLKOMMEN IN DER WELT DER KÜNSTLICHEN INTELLIGENZ (KI)

Schön, dass du dich für dieses Buch entschieden hast! Ich weiß es zu schätzen, dass du deine kostbare Zeit in dieses Thema investierst. Die Idee dieses Buches ist es, auf einfache und verständliche Weise das Thema Künstliche Intelligenz (KI) und deren Anwendung jedem Interessierten näher zu bringen.

Die Idee für dieses Buch ist nach einer Reihe von Vorträgen, Keynotes und Paneldiskussionen zum Thema KI entstanden. Persönlich bin ich fasziniert von den scheinbar unendlichen Möglichkeiten, die KI uns heute bietet. Ich bin überzeugt, dass wir eine historische Chance haben, die Zukunft in unserem Sinne zu gestalten. Sowohl in Unternehmen als auch auf dem Arbeitsmarkt werden die Karten neu gemischt. Jetzt in sich selbst zu investieren, wird eine Vielfalt an Möglichkeiten nach sich ziehen.

Die rasante Entwicklung dieser neuen Technologie hat in mir einen Drang ausgelöst, mehr und mehr darüber zu erfahren und zu lernen. Um die vielfältigen Aspekte von KI nicht nur technischer Natur kennenzulernen, habe ich begonnen einen privaten Blog zu starten. In diesem fasse ich mein erworbenes Wissen in kurzer und verständlicher Form zusammen. Der Blog ist auch ein Ort, an dem ich interessante Anwendungsfälle von Kollegen, Freunden und Bekannten festhalte. Es ist unglaublich faszinierend zu erfahren, für welche Situationen man KI so alles nutzen kann.

Aus meinem Blog wurde mehr als nur eine digitale Lernsammlung – er wurde zum Sprungbrett für dieses Buch. Die Nachfrage nach verständlichem KI-Wissen steigt. Ein Buch bietet die Chance, die scheinbar endlose Fülle an Informationen zu bündeln, Zusammenhänge aufzudecken und andere mitzunehmen auf eine Reise durch die Welt der KI. Meine Erfahrungen und Erkenntnisse sollen dir als Kompass dienen, um dich in dieser spannenden Zukunftstechnologie zurechtzufinden.

Was Dich erwartet:

- Kurze und prägnante Einführung der Grundlagen zu KI
  - → damit du ohne großen Aufwand einen Überblick erhältst
- Praxisbeispiele, wo KI zur Anwendung kommt
  - → Inspiration für dich
- Meine Erfahrung beim Ausprobieren neuer Tools und Techniken
  - → gewusst wie und aus Fehlern anderer lernen
- Tipps und Tricks, wie du dein Potenzial mit KI deutlich erweitern kannst
  - → deinen Marktwert erhöhen
- Zukunftsperspektiven mit AI, eine Sammlung von Einschätzungen
  - → damit du dich bestmöglich auf zukünftige Veränderungen vorbereiten kannst

Los geht's!

1 KI: DIE ROBOTER SIND DA

1.1 VON ROBOTERFREUNDEN UND DIGITALEN ZWILLINGEN

Lass mich dir meinen neuen persönlichen Assistenten vorstellen – er ist stets an meiner Seite (im Zweifel in meiner Tasche) und unterstützt mich in allen Lebenslagen. Ob bei der Erstellung von Texten, der Suche nach passenden Bildern oder bei der Entwicklung kreativer Ideen – er ist immer zur Stelle. Ganz nach Belieben kann ich mich mit ihm austauschen, sei es schriftlich oder mündlich, und das ganz in der Sprache, die mir am meisten liegt. Seine Flexibilität und Inspiration machen ihn zu einem unverzichtbaren Begleiter in meinem Alltag.

Auch dein persönlicher Assistent?

Du bist vielleicht noch unentschlossen, ob und in welcher Form du die Dienste unserer neuen Freunde nutzen möchtest.

Oder im Gegenteil bist du bereits ein begeisterter Freund der neuen Roboter, die heutzutage überall auf uns warten und ihre Hilfe anbieten. Sie können uns Witze erzählen, durch den Verkehr navigieren, uns beim Kochen unterstützen, den nächsten Urlaub planen, Songs generieren, in der Medizin helfen... Die Liste ist quasi unendlich.

Digitaler Zwilling

Kürzlich habe ich von Bekannten gehört, dass sie daran arbeiten, einen digitalen Zwilling zu erstellen. Also ein zweites Ich - nur digital. Wofür braucht man das, habe ich mich gefragt. Bis heute bin ich noch nicht ganz dahintergekommen, warum ein digitaler Zwilling erstrebenswert sein sollte. Aber das will ich weiter beobachten und herausfinden.

Was ich jedoch schon für mich entschieden habe: Ich will mehr darüber lernen, wie ich KI für meine Zwecke besser nutzen kann, damit das Leben bequemer wird und ich mich auf Sachen konzentrieren kann, die mir Spaß machen. Und natürlich will ich damit auch in Zukunft am Arbeitsmarkt "relevant" bleiben. Gerne auch mit einem guten Gehalt.

Ist KI die nächste industrielle Revolution?

Für einen meiner Vorträge war ich vor einiger Zeit auf der Suche nach einer guten Einleitung. Heute ist es wichtiger denn je, die Aufmerksamkeit seines Publikums zu verdienen. In meiner Recherche bin ich immer wieder über die Auffassung gestolpert, dass unser Zeitalter der künstlichen Intelligenz mit der industriellen Revolution vergleichbar sei. Das ist ja schon eine gewichtige Annahme.

Nun habe ich die industrielle Revolution vor 200 Jahren nicht selbst miterlebt. Um aber besser zu verstehen, was die Veränderungen damals für die Menschen bedeuteten, musste ich mehr Informationen zu diesem Thema recherchieren.

Neue Technologien wie beispielsweise die Dampfmaschine oder Elektrizität haben nicht nur das Wirtschaftsleben, sondern auch ganz entscheidend das Alltagsleben der Menschen verändert. Die Kompetenzen und Fähigkeiten, die die Menschen damals benötigten, haben sich deutlich gewandelt.

Ich vermute, dass das auch auf unsere Zeit zutrifft. Was wird sich in unserem Alltag und in der Berufswelt alles verändern? Was muss oder darf ich neu lernen und welche Fähigkeiten kann ich einbringen? Welche Risiken kann die KI mit sich bringen und wie ist diesen Risiken zu entgegnen? Super spannend!

Für den Fall, dass du noch keinen Roboter befragt hast, leg doch direkt los und probiere beispielsweise ChatGPT (chatgpt.com) oder Googles Gemini (gemini.google.com) aus. Lass dir zum Beispiel ein Buch zusammenfassen, das seit langem im Regal steht. Oder du lässt dir Vorschläge unterbreiten, was du am kommenden Wochenende in deiner Stadt unternehmen könntest.

Viel Spaß!

1.2 KI EINFACH ERKLÄRT - AM BEISPIEL EINES BAUMES

Du bist sicher schon mit verschiedenen KIs in Berührung gekommen oder hast von ihnen gehört. Was braucht eine KI um zu funktionieren? Wie kann man sich Künstliche Intelligenz bildlich vorstellen?

Stelle dir als Vergleich einen Baum vor. Seine Wurzeln reichen tief in die Erde, sein Stamm ist kräftig und seine Krone erstreckt sich weit in den Himmel. So ähnlich kannst du dir auch KI vorstellen. Aber was haben Bäume und KI gemeinsam? Lass uns das genauer betrachten.

Die Wurzeln stehen für die (Cloud-)Infrastruktur.

Im wahren Leben versorgen die Wurzeln den Baum mit Wasser und Nährstoffen, damit er wachsen kann.

Ähnlich wie die Wurzeln eines Baumes versorgt die (Cloud-)Infrastruktur eine KI mit den nötigen Ressourcen, wie zum Beispiel Rechenleistung und Speicherkapazität. Die Infrastruktur besteht aus "großen Computern" / Servern.

Zu den großen bekannten Cloud-Anbietern gehören beispielsweise Google (Google Cloud Platform), Microsoft (Microsoft Azure) und Amazon (Amazon Web Services) oder auch Alibaba Cloud in Asien. In der (Cloud-)Infrastruktur lagern riesige Mengen an Daten, die die KI benötigt, um zu lernen und zu wachsen.

Der Stamm steht für die Daten.

Der Stamm eines Baumes ist seine tragende Säule. Er verbindet die Wurzeln mit den Ästen und Blättern.

In der Welt der KI sind die Daten vergleichbar mit dem Stamm. Sie bilden die Grundlage für alle Berechnungen und Entscheidungen, die eine KI trifft. Je mehr und vielfältiger die

Daten sind, die einer KI zur Verfügung stehen, desto besser kann sie lernen und komplexe Aufgaben lösen.

Beispiele für Daten sind z.b. Texte, Zahlen, Bilder, Videos. Daten helfen, die Welt besser zu verstehen.

Die Baumkrone steht für die KI.

Die Krone eines Baumes ist der sichtbarste Teil. Sie fängt das Sonnenlicht ein und produziert Sauerstoff.

In unserer Analogie stellt die Krone die KI selbst dar. Sie basiert auf den Wurzeln (Cloud-Infrastruktur) und dem Stamm (Daten). Die KI nutzt die gesammelten Daten, um Muster zu erkennen, Vorhersagen und Entscheidungen zu treffen. Dafür benötigt die KI viel Energie. Diese wird von der Infrastruktur bereitgestellt.

KI kennen wir heute in unterschiedlichen Ausprägungen und Anwendungen, wie beispielsweise als Sprachassistent (Siri, Alexa), Empfehlungssysteme (Netflix, Spotify, Amazon), Gesichtserkennung, Chatbots, Bildbearbeitung...

Fazit

KI ist eine faszinierende Technologie, die unser Leben in vielen Bereichen verändert. Durch das Lernen mit Hilfe von umfangreichen Datenmengen kann die KI Aufgaben übernehmen, die früher nur von Menschen ausgeführt werden konnten. Ich finde es sehr beeindruckend, sich vorzustellen, dass "jemand" das gesamte Wissen aus dem Internet vereint, ohne dabei ein Detail zu vergessen.

Allerdings gibt es selbstverständlich eine Reihe von Einschränkungen und Risiken, denen wir uns bewusst sein sollten. Darüber geht es im nächsten Kapitel.

1.3 KI VS. MENSCH - EIN UNGLEICHER WETTKAMPF?

Wenn meine Kinder bei einem Brettspiel verlieren, endet dies fast immer im Drama. Sie wollen nicht verlieren. Bei uns Erwachsenen ist das häufig nicht anders. Was passiert, wenn Künstliche Intelligenz gegen uns Menschen antritt?

Bei einem Schachspiel gegen den Schachgroßmeister ist jeder Zug kalkuliert, jede Entscheidung eine hochkomplexe Leistung. Nun stelle dir vor, du spielst gegen einen Computer. Die Maschine berechnet Millionen von möglichen Zügen pro Sekunde, während du noch über deinen nächsten Schritt nachdenkst. Ist das ein fairer Wettkampf?

Ähnlich verhält es sich mit KI und dem menschlichen Gehirn. Beide sind Meister der Informationsverarbeitung, aber auf ganz unterschiedliche Weise.

Die Stärke der Menschen

Unser Gehirn ist ein Wunderwerk der Evolution. Milliarden von Neuronen arbeiten zusammen, um uns zu dem zu machen, was wir sind: kreative, emotionale Wesen, die in der Lage sind, komplexe Probleme zu lösen und neue Ideen zu entwickeln. Wir lernen durch Erfahrung, passen uns an veränderte Umstände an und sind in der Lage, abstrakt zu denken.

Die Stärke der Maschinen

Künstliche Intelligenz hingegen ist ein Produkt menschlicher Ingenieurskunst. Sie basiert auf Algorithmen und großen Datenmengen. KI-Systeme sind in der Lage, riesige Datenmengen in kürzester Zeit zu verarbeiten und Muster zu erkennen, die für uns Menschen kaum wahrnehmbar sind. Sie können komplexe Berechnungen durchführen, die weit über das hinausgehen, was ein Mensch jemals von Hand berechnen könnte. Doch trotz dieser beeindruckenden Fähigkeiten stoßen KI-Systeme an ihre Grenzen.

Die Limitationen der KI-Anwendung

So beeindruckend KI auch sein mag, es ist wichtig, sich über die Einschränkungen der Technologie im Klaren zu sein. Ich mache mir regelmäßig bewusst, dass (generative) KI im Prinzip nur das jeweils nächste Wort vorhersagen kann. Das bedeutet u.a., dass unsere netten Assistenten weder "Lebenserfahrung" noch Kontextverständnis haben.

KI kann zwar Muster erkennen und Vorhersagen treffen, aber es fehlt an echter Intuition und Kreativität. KI kann keine neuen Ideen entwickeln oder komplexe Probleme auf völlig neue Weise lösen. Interessanterweise gibt es hier kontroverse Diskussionen - die Frage, was Kreativität wirklich bedeutet und ob neue Ideen wirklich etwas komplett Neues sind oder ebenfalls auf einer Kombination und Veränderung bestehender Ideen basieren.

KI-Systeme sind nur so gut wie die Daten, mit denen sie gefüttert werden. Wenn die Trainingsdaten verzerrt oder unvollständig sind, kann die KI falsche oder voreingenommene Ergebnisse liefern. Leider lässt nicht selten die Datenqualität der Trainingsdaten zu wünschen übrig. Man spricht von "Halluzinationen", wenn KI die Antworten erfindet und diese faktisch falsch sind.

Mensch-KI-Zusammenspiel

Trotz der Einschränkungen hat KI großes Potenzial, unser Leben grundlegend zu verändern. KI kann uns bei der Lösung komplexer Probleme helfen, neue Technologien entwickeln und uns in vielen Bereichen unterstützen. Doch es ist wichtig, sich bewusst zu machen, dass KI kein Ersatz für menschliche Intelligenz ist. Vielmehr sollte KI als Werkzeug verstanden werden, das uns dabei hilft, unsere Fähigkeiten zu erweitern und neue Möglichkeiten zu erschließen.

Es ist also kein Wettkampf zwischen Mensch und Maschine. Beide Seiten haben ihre Stärken und Schwächen. Während die KI in vielen Bereichen die Überlegenheit hat, bleibt der Mensch in anderen Bereichen unerreicht. Die Zukunft liegt in der Zusammenarbeit zwischen Mensch und KI. Es gibt explizite Konzepte wie "Human in the Loop" (HITL, https://en.wikipedia.org/wiki/Human-in-the-loop), bei denen menschliche Expertise fester Bestandteil des KI-Prozesses ist . Beispielsweise bewerten Menschen die Ergebnisse des

Modells und geben Feedback, um so eine Verbesserung zu erreichen.

Was bedeutet das für uns und unsere Arbeit?

Der Wirtschaftswissenschaftler Richard Baldwin hält die Angst, durch KI ersetzt zu werden, für unbegründet. Stattdessen geht er davon aus, dass Menschen, die KI effektiv nutzen können, andere ersetzen werden, die diese Fähigkeit nicht haben.

> "[...] A.I. won't take your job, it's somebody USING A.I. that'll take your job."
>
> (Richard Baldwin)

Wir sind also nicht die Verlierer im Wettkampf zwischen Mensch und Maschine. Im Gegenteil, als Traumteam Maschine-Mensch können wir unser Potenzial gemeinsam deutlich steigern und ganz neue Ziele erreichen.

In den nächsten Kapitel werde ich genauer darauf eingehen, wie du (generative) KI effektiv nutzen kannst, um dein Traumteam Mensch-Maschine zu etablieren.

2 PROMPT ENGINEERING: KI-FLÜSTERER WERDEN

2.1 ALLES EINE FRAGE DER KOMMUNIKATION - SO SPRICHST DU MIT DEINEM ROBOTER

Eigentlich ist das ja super einfach - beispielsweise ChatGPT, Gemini oder Copilot öffnen und eine Anfrage an unseren lieben Roboterfreund schicken. Und schon haben wir genau das Ergebnis, nach dem wir gesucht haben. Naja, nicht immer. Oder nicht immer gleich - genauer gesagt. Öfters bekommen wir nicht sofort das zurück, was wir vielleicht erwartet haben.

Die Zauberformel "Prompt Engineering"

Um die Ergebnisse in der Art und Weise zu erhalten, wie wir sie uns vorstellen, müssen wir unsere Wünsche so formulieren, dass unser Roboter sie versteht. Glücklicherweise benötigt man dafür heutzutage keine Programmiersprache mehr. Wir können das ganz einfach auf deutsch, englisch oder in einer Sprache unserer Wahl schriftlich oder mündlich mitteilen.

Dennoch ist es hilfreich, einige Tipps und Tricks zu kennen, um ein passendes Ergebnis zu erhalten. Je genauer wir unsere Wünsche beschreiben können, desto besser wird sie unser Assistent erfüllen können. Das nennt man "Prompt Engineering", wobei "prompt" eine Art Befehl oder Frage ist.

Kenne die Limitationen

Aus dem letzten Kapitel kennst Du bereits einige Einschränkungen, die künstliche Intelligenz mit sich bringt. Für die Kommunikation mit deinem Roboter ist es wichtig, dass Du diese einschätzen kannst.

Wir wissen, dass (generative) KI im Prinzip nur das jeweils nächste Wort vorhersagen kann. Das bedeutet u.a., dass unsere netten Freunde weder "Lebenserfahrung" noch Kontextverständnis haben.

KI-Systeme sind nur so gut wie die Daten, mit denen sie gefüttert werden. Wenn die Trainingsdaten verzerrt oder unvollständig sind, kann die KI falsche oder voreingenommene Ergebnisse liefern. Leider ist die Datenqualität der Trainingsdaten in vielen Fällen nicht optimal. Man spricht von "Halluzinationen", wenn KI die Antworten erfindet und diese faktisch falsch sind.

Daher ist es sehr wichtig, dass wir Menschen die Ergebnisse kritisch prüfen und nicht blind übernehmen.

Sei spezifisch mit einer klaren Sprache

Wie im wirklichen Leben unter uns Menschen versteht unser Assistent ebenfalls am besten eine gute Beschreibung. Das heißt, umso besser wir die Anfrage umschreiben, desto besser das Ergebnis. Neben einem klar und präzise formulierten Auftrag, ist auch die Beschreibung des Kontextes wichtig. Mehrdeutigkeiten sollten möglichst vermieden werden. Beispielsweise können Abkürzungen unterschiedliche Bedeutungen haben und sollten besser ausgeschrieben werden.

Weiterhin ist es hilfreich zu erwähnen, aus welcher Perspektive oder Rolle die Anfrage geschieht.

> *"Du bist ein erfahrener Finanzexperte. Erstelle eine detaillierte Vorlage eines Finanzplans für ein Unternehmen, um potenzielle Risiken und Chancen darzustellen."*

> *"Du bist ein Strategieberater. ...."*

> *"Stell Dir vor, du bist ein Content Creator und Stratege, der sich auf die Erstellung von YouTube-Inhalten für... spezialisiert hat."*

Gerne darf im Prompt erwähnt werden, wer die spezifische Zielgruppe des Ergebnisses ist. Es ist ein großer Unterschied, ob die KI den Sachverhalt einem Experten oder einem 5-jährigen Kind erklären soll.

> *"Entwickle eine Reisebroschüre für eine Kreuzfahrt durch das Mittelmeer, die speziell auf die Bedürfnisse und Interessen von Senioren zugeschnitten ist."*

Verwende Beispiele

Hilfreich ist es auch, Beispiele zu nennen. Das kann ein Textausschnitt sein, dessen Schreibweise man als auch als Output erwartet. Oder die Struktur des Ergebnisses.

Wenn ich ansprechende Titel für meine Vorträge suche, dann nutze ich gerne einen Prompt, der bereits meine Ideen für einen möglichen Titel enthält.

Teste und optimiere

Häufig bin ich mit dem ersten Ergebnis noch nicht 100%ig zufrieden. Es ist gut, einen Folgeprompt zu formulieren. Hier nenne ich, welcher Teil des ersten Ergebnisses mir gefallen hat und wo ich beispielsweise noch mehr Details wünsche. Im Prinzip entsteht meist eine "Unterhaltung", bei der nicht selten auch ich mit der Zeit mehr Klarheit über meine Vorstellung gewinne.

Hier einige Beispiele zur Inspiration, wie Prompts aussehen können:

> *"Erstelle eine Tabelle (Titel, Beschreibung, Quelle, Jahr...)."*

> *"Erstelle eine Aufzählung der Vorteile von beruflicher Weiterbildung."*

> *"Schreibe die quadratische Formel in LaTeX."*

> *"Erstelle ein Bild mit einem lachenden Roboter."*

> *"Schreibe ein Python-Skript, das die Zahlen von 1 bis 10 ausgibt."*

> *"Plane eine 7-tägige Reise nach Japan mit einem Budget von 2.000 EUR."*

> *"Gib mir ein Rezept für ein veganes Abendessen, das in 30 Minuten fertig ist."*

> *"Beschreibe die Entwicklung des Jazz im 20. Jahrhundert. Verwende diese Beschreibung, um eine Playlist zu erstellen."*

"Erkläre die Funktionsweise von Blockchain-Technologie. Verwende diese Erklärung, um eine Infografik zu erstellen."

"Schreibe Charaktereigenschaften für einen Detektiv in einem Krimi. Verwende diese Beschreibung, um ein Porträt des Charakters zu zeichnen."

"Beschreibe die Grundlagen der Porträtfotografie. Verwende diese Beschreibung, um ein Tutorial-Video zu erstellen."

"Erkläre die Schritte zum Anlegen eines Gemüsegartens. Nutze diese Erklärung, um einen monatlichen Pflegeplan zu erstellen."

"Schreibe eine Einleitung für einen wissenschaftlichen Artikel über Klimawandel. Hier ist ein Beispiel für den Stil, den ich möchte: [Beispieltext]."

"Erkläre die Grundlagen der Relativitätstheorie für Schüler der 12. Klasse."

"Das war hilfreich, aber könntest du mehr Details zu den wirtschaftlichen Auswirkungen hinzufügen?"

Sammle hilfreiche Prompts

Es ist unglaublich, auf welche Ideen Prompt Engineers kommen können. Es gibt verschiedene Techniken, z.B. das sogenannte "Prompt Chaining", also eine Kette von Prompts, um bessere Ergebnisse zu bekommen oder sich die Arbeit des Prompten zu erleichtern. Mehr dazu im folgenden Kapitel.

Um von den Experten zu lernen, sammle ich alle möglichen Prompts, die mir irgendwo über den Weg laufen. Manche Leute haben sogar Prompt-Bibliotheken. Einfach den richtigen Prompt aus dem Regal ziehen - das klingt praktisch, oder?

Grundsätzlich geht wie immer das Probieren über Studieren. Also, leg doch gleich mal los mit einigen Prompts. Vielleicht um Ideen für das nächste benötigte Geburtstagsgeschenk zu generieren?

Viel Spaß!

2.2 Die Prompt-Kette - Wenn ein Prompt nicht genug ist

Als ich meine ersten Prompt-Versuche mit Microsoft Copilot unternahm, war mein Ziel, mit einem "Befehl" das gewünschte Ergebnis zu erzielen. Nicht selten war ich mit dem ersten Ergebnis nicht zufrieden und stellte daher - eigentlich ungeplant - weitere Nachfragen.

Die Ausgabe als Eingabe nutzen

Durch Zufall stolperte ich in einem Newsletter über den Tipp, bewusst mehrere Prompt-Schritte einzuplanen. Im konkreten Beispiel ging es darum, eine Art Wimmelbild mit DALL-E (ein KI-Tool, das Bilder auf Basis von Text-Prompts erstellt) zu generieren. Wer hat schon Lust, in epischer Breite ein umfangreiches Bild zu beschreiben? Daher war der Vorschlag, sich zunächst vom großen Sprachmodell (Large Language Model, abgekürzt LLM) mit einem Prompt eine längere Beschreibung verfassen zu lassen, in dem man u.a. auch die Länge des Textes (beispielsweise 1.000 Wörter) vorgibt.

Diese lange Beschreibung kann man anschließend als Input zur Bildgenerierung nutzen. (*"Erstelle mir ein Bild auf Grundlage dieser Beschreibung [Text]"*).

In der Tat gibt es im Bereich Text-Prompting verschiedene Strategien, wie man auf strukturierte Weise die Ausgabe der KI deutlich verbessern kann.

Basierend auf der Struktur des Wikipedia-Artikels über Prompt Engineering (https://de.wikipedia.org/wiki/Prompt_Engineering) gehe ich im folgenden auf verschiedene Methoden ein:

Zero-Shot- vs. Few-Shot-Prompting

Grundsätzlich wird zwischen "Zero-Shot" und "Few-Shot" unterschieden. Um einen "Zero-Shot" handelt es sich, wenn der Prompt eine reine Anweisung an das LLM enthält, ohne Beispiele oder zusätzlichen Kontext darzulegen.

> *"Schätze die Stimmung dieses Textes ein als neutral, negativ oder positiv:*
> *Ich denke, der Urlaub ist okay.*
> *Stimmung: "*

Antwort: Neutral.

Falls "Zero-Shot-Prompting" nicht zum gewünschten Ergebnis führt, kann "Few-Shot-Prompting" Abhilfe schaffen. Insbesondere bei komplexen Aufgaben kann man den Prompt mit Beispielen und Kontext anreichern und somit möglicherweise eine bessere Output-Qualität erzeugen. Eigentlich ist das nachvollziehbar: Wenn wir mehr Kontext, Beispiele und Struktur in unsere Prompts bringen, kann das Ergebnis deutlich zielgerichteter sein. Übrigens heißt dies nicht, dass man jeden einzelnen Prompt separat abschicken muss. Die "Shots" können in einem Durchlauf gebündelt werden:

Als ein Beispiel für "Few-Shot-Prompting" liefert mir Gemini das folgende:

> *"Bestimme, ob die folgenden Sätze positiv, negativ oder neutral sind:*
> *'Der Urlaub war fantastisch.' (positiv)*
> *'Das Essen war schrecklich.' (negativ)*
> *'Das Wetter ist okay.' (neutral)*
> *'Ich bin gelangweilt.' (negativ)*
> *'Ich freue mich sehr.' (positiv)*
> *Wie würdest du den folgenden Satz bewerten? 'Der Film war langweilig.'"*

Gedankenkette (Chain-of-Thought)

Wenn auch das "Few-Shot-Prompting" nicht zum erwarteten Output geführt hat, kannst du es mit "Chain-of-Thought" (CoT, auf deutsch: Gedankenkette) versuchen.

Bei der Prompting-Technik "Chain-of-Thought kann man die Fähigkeit der LLMs erheblich verbessern. Das Ziel ist es, transparente und nachvollziehbare "Denkprozesse" zu erzielen. Also man möchte erreichen, dass das Sprachmodell erklärt, wie es auf die Lösung gekommen ist.

Die einfachste Option ist die "Zero-shot-CoT". Die erreichst du, indem du deinem einfachen Prompt (mit ausschließlich einer Anweisung ohne Beispiele) den folgenden (oder einen ähnlich lautenden) Satz anfügst:

> *"[...] Lass uns diese Aufgabe Schritt für Schritt lösen."*
> *(engl. "Let's think step by step)"*

Dies könnte zum Beispiel im Fall einer Textaufgabe eine gute Vorgehensweise sein.

Quelle: https://www.promptingguide.ai/techniques/cot

Bei der "umfangreicheren" CoT-Technik wird zunächst das Problem in kleinere Einheiten heruntergebrochen, ähnlich wie es ein Mensch beispielsweise mit einer Textaufgabe tun würde. An einem vergleichbaren Beispiel kann dann ergänzend dargestellt werden, wie solche Typen von Aufgaben gelöst werden. Dabei ist es wichtig, Begründungen mit anzuführen. Dies hilft der KI, die Vorgehensweise zu verstehen.

Um den CoT-Prompts einfach zu strukturieren, kannst Du "F:" für die Fragen und "A:" für die Antworten nutzen.

> *"F: John hat 10 Äpfel. Er verschenkt 4 und erhält dann 5 weitere. Wie viele Äpfel hat er?*
> *A:John beginnt mit 10 Äpfeln.*
> *Er verschenkt 4, also 10 - 4 = 6.*
> *Dann erhält er 5 weitere Äpfel, also 6 + 5 = 11. Letzte Antwort: 11*
> *F: [Deine Frage]"*

Quelle:
https://learnprompting.org/docs/intermediate/chain_of_thought

Gedankenbaum (Tree-of-Thought)

Bei der Technik des Gedankenbaums wollen wir mehrere Lösungswege in Betracht ziehen. Wir stellen uns einen Baum vor. Jeder seiner Äste entspricht einem Lösungsweg. Die KI kann diese Zweige auch detaillierter erkunden, bewerten und die vielversprechenden Zweige weiterverfolgen.

Durch die Betrachtung mehrerer Lösungsoptionen wird das Ergebnis weniger fehleranfällig und du kannst dir ein besseres Bild verschaffen. Außerdem werden die "Denkprozesse" nach-vollziehbarer. Im Prinzip ahmt die Methode die menschliche Denkweise nach. Üblicherweise haben wir häufig mehrere Ideen, wie wir die Lösung eines Problems angehen können.

Wie erreichen wir, dass unsere KI das Ergebnis entsprechend eines Tree-of-Thought bearbeitet? Die einfachste Möglichkeit ist, diesen Satz dem Prompt anzuhängen:

> *"[Problembeschreibung/Aufgabe]. Bitte löse diese Aufgabe, indem du mehrere Lösungswege in Betracht ziehst und diese Schritt für Schritt erläuterst."*

Wichtig ist, dass du eine offene Fragestellung für die Aufgabe wählst. Die Aufgabe selbst sollte so spezifisch wie möglich beschrieben sein.

Eine weitere Möglichkeit, das Sprachmodell in Richtung eines Gedankenbaums zu bringen, kannst du durch die Aufforde-rung, unterschiedliche Rollen (z.B. Wissenschaftler, Detektiv) einzunehmen. Dies kann auch über die Anzahl der "Experten" passieren. Siehe folgendes Beispiel:

> *"Stell dir vor, drei verschiedene Experten beantwor-ten diese [Frage]. Alle Experten schreiben einen*

Schritt ihres Denkprozesses auf und teilen ihn dann mit der Gruppe. Dann gehen alle Experten zum nächsten Schritt über usw. Wenn ein Experte erkennt, dass er falsch liegt, scheidet er aus. [Die Frage ist...]"

https://www.promptingguide.ai/techniques/tot

Self-Consistency-Prompting

Wie wir bereits wissen, kann KI halluzinieren. Das heißt, unser Sprachmodell erfindet eine Antwort, die nicht auf Fakten basiert. Um der Wahrheit auf die Spur zu kommen, eignet sich das Self-Consistency-Prompting.

Du kannst dir das vorstellen, als würdest du einem Freund eine Aufgabe geben. Deine Frage zu dieser Aufgabe wirst du mehrmals stellen, jedoch jedes Mal etwas anders formuliert. Die Antworten, die am häufigsten oder konsistent vorkommen, kannst du als die wahrscheinlichste Lösung identifizieren.

Genauso kannst Du mit dem Sprachmodell verfahren. Hier ein Beispiel mit vier unterschiedlichen Prompts und der gleichen Aufgabenstellung in unterschiedlichen Formulierungen:

> *"Was ist das Ergebnis von 7 multipliziert mit 12?"*
> *"Berechne das Produkt aus 7 und 12."*
> *"Wie viel sind 7 mal 12?"*
> *"Multipliziere 7 mit einem Dutzend."*

https://arxiv.org/abs/2305.10601
https://www.promptingguide.ai/techniques/tot

Reflexions-Prompting

Beim Reflexions-Prompting möchte man die KI dazu bewegen, das bisherige Ergebnis kritisch zu bewerten. Dabei kann man grundsätzlich zwei Varianten unterscheiden: Selbst- und Fremdreflexion. Bei der "Selbstreflexion" würdest du nach der Antwort des Sprachmodells einen Prompt nutzen, der die kritische Betrachtung der vorherigen Antwort einfordert.

> *"Bitte analysiere dein Ergebnis und übe Kritik daran. Was hättest du besser machen können?"*

Eine Fremdreflexion würdest du durchführen, indem du eine andere KI aufforderst, die Antwort der ersten KI kritisch zu prüfen.

Viele Wege führen nach Rom...

Wie du siehst, gibt es viele Möglichkeiten, die Qualität der Antworten durch geschickte Formulierung der Prompts zu beeinflussen. Ich finde es hilfreich, einige Ideen zur Hand zu haben. Daher pflege ich persönlich eine Prompt-Bibliothek. Und das Beste ist natürlich, regelmäßig neue Ansätze auszuprobieren und zu lernen, was in welcher Situation am besten funktioniert.

Übung macht ja bekanntlich den Meister.

2.3 MEHR IDEEN IN KÜRZERER ZEIT - SO EINFACH IST BRAINSTORMING MIT KI

Im vorherigen Kapitel haben wir über mehrstufige Prompts gesprochen. Wie wir gesehen haben, gibt es einige Situationen, in denen es sich rentiert, über mehrere Prompts zu seinem Ergebnis zu kommen.

Eigentlich bevorzuge ich aber schnelle und einfache Wege, um an mein Ziel zu kommen. Gibt es Möglichkeiten, unseren netten Assistenten zu mehreren (Denk-)Schritten zu bewegen, dafür jedoch nur einen (kurzen) Prompt nutzen zu müssen? Gute Nachrichten - ja, das ist möglich. Am Beispiel von Brainstorming möchte ich dir das zeigen.

Brainstorming mit AI

Tools wie ChatGPT können uns mit strukturierten Brainstorming-Frameworks weiterhelfen und uns auf diesem Wege völlig neue Perspektiven aufzeigen. Außerdem kann es uns helfen, Gedanken besser zu strukturieren. Es gibt verschiedene Brainstorming-Methoden, die wir nutzen können (inspiriert durch diesen Blogpost: https://www.geeky-gadgets.com/chatgpt-brainstorming-prompts-and-techniques/?utm_source=substack&utm_medium=email).

Ich empfehle dir, die im weiteren genannten Prompts direkt auszuprobieren, um eine Idee zu bekommen, welche Antworten du jeweils erwarten kannst.

Kreativitätstechnik: Disney Methode

Bei der Kreativitätsmethode, die angeblich von Walt Disney angewendet wurde, betrachtet man das Problem in drei Phasen:

1. Träumer-Phase, in der alles möglich ist.
2. Realist-Phase, in der die Machbarkeit berücksichtigt wird.
3. Kritiker-Phase, in der konstruktive Kritik geübt wird.

Übertragen auf unsere Konversation mit der KI kannst du folgenden Prompt verwenden, um ein Thema deiner Wahl unter den drei genannten Gesichtspunkten zu beleuchten:

> *"Lass uns die Disney Methode zur Generierung von Ideen zum Thema [Thema beschreiben] anwenden."*

Kreative Problemlösung: TRIZ-Methode

Um einen vorschnellen Schluss eines Problems auf eine Lösung zu vermeiden, schlägt die TRIZ-Methode vor, zunächst das Problem zu abstrahieren. Danach wird hierfür eine generelle Lösung gesucht. Schließlich wird aus dem allgemeingültigen Ergebnis eine spezielle Lösung des initialen Problems gewonnen. Zentraler Aspekt hierbei ist die Beschäftigung mit Widersprüchen.

Teste doch einfach einmal folgenden Prompt:

> *"Wende die TRIZ-Methode an, um [Problem/Herausforderung] zu verbessern."*

Ursprünglich war diese Methode für technische Fragestellungen gedacht gewesen. Ich habe sie aber auch auf andere

Themengebiete (z.B. Psychologie) angewendet und durchaus interessante Ergebnisse erhalten.

Brainstorming der (Produkt-)Eigenschaften: Attributliste

Eine systematische Erfassung und Betrachtung von (Produkt-)Eigenschaften kann insbesondere im Unternehmenskontext sehr hilfreich sein. Die Methode der Attributliste (englisch "Attribute Listing") clustert Eigenschaften in Bereiche.

> *"Hilf mir dabei, eine Attributliste zur Verbesserung von [Produkt] zu erstellen. Basierend auf dieser Liste nenne mir bitte für jedes Attribut einen Vorschlag, wie [Produkt] verbessert werden könnte."*

Unterschiedliche Denkformen: Denkhüte von De Bono

Informationen zu sammeln, ohne sie direkt zu bewerten, sie aber dennoch unterschiedlichen Denkformen zuzuordnen, das ist die Brainstorm-Methode "Denkhüte von De Bono" (Edward De Bono: 6 Denkhüte).

Dabei stehen die Hutfarben für die unterschiedlichen Aspekte von Denken - von faktenorientiert über emotional bis kreativ. Mit dem folgenden Prompt erhältst du einen bunten Blumenstrauß an Perspektiven zu dem Thema deiner Wahl.

> *"Basierend auf der Methode "Denkhüte von De Bono" benötige ich eine Analyse, wie ich [Thema beschreiben]."*

Ursachenanalyse: Fischgräten-Diagramm

Um einer Ursache auf den Grund zu gehen, gibt es viele Methoden. Eine von ihnen ist das Fischgräten-, Ursache-Wirkungs- oder auch (nach seinem Erfinder) Ishikawa-Diagramm. Ziel ist es, die Haupt- und Nebenursachen zu identifizieren, die zu einem gegebenen Zustand geführt haben.

> *"Erstelle ein Ishikawa-Diagramm, um die Ursachen für [Problem/Zustand] zu identifizieren."*

Diese Liste an Brainstorming-Methoden lässt sich beliebig lange fortsetzen. Im Prinzip kann man auf diese Weise jede beliebige Methode durch einen entsprechenden Prompt direkt nutzen, ohne die Details der Methode vorab zu kennen. Einen letzten Ansatz möchte ich aber nicht unerwähnt lassen, da ich sie selbst für sehr spannend halte:

Zeitreise zurück von der Zukunft: Die Future Backwards Methode

Mit dieser Methode startest du in der Zukunft. Du beschreibst einen zukünftigen Zustand, in welchem ein Problem bereits gelöst ist. Alternativ kann es ein Zustand sein, der einen eingetretenen worst-case Fall beschreibt.

Die Future Backwards Methode erarbeitet nun rückwärts die Ereignisse, Meilensteine und Entscheidungen, die zum finalen Zustand geführt haben. Kurz gesagt, was muss passieren und entschieden werden, damit diese gedachte Situation eintreten kann.

"Lass uns die "Future Backwards"-Technik verwenden, um uns vorzustellen, wie [Zielzustand]. Beginnen wir mit der idealen Zukunft."

Die richtige Methode fehlt noch?

Ich bin richtig begeistert, jederzeit einen engagierten Brainstorming-Partner in meiner Tasche zu haben. Mit einer passenden Brainstorming-Methode bekomme ich die Ergebnisse gleich sehr gut strukturiert geliefert. Übrigens, falls hier kein passender Ansatz dabei war, kannst Du die KI auch erst einmal zu geeigneten Methoden befragen.

Viel Spaß beim Brainstormen.

2.4 VON WEGEN PROMPT ENGINEERING - EINFACH MIT DEM SPRACHMODELL PLAUDERN

Heute hatte ich eine spannende Unterhaltung mit einer Kollegin, nennen wir sie Anna. Wir treffen uns in größeren zeitlichen Abständen und tauschen uns über unsere Erfahrungen mit künstlicher Intelligenz aus. Dieses Mal schrieb sie mir schon im Vorfeld, dass sie mir unbedingt von ihrer neuen Art der Anwendung von ChatGPT erzählen möchte. Da war ich natürlich sehr gespannt…

Ihre anfängliche Skepsis gegenüber Sprachmodellen

Als wir uns das letzte Mal getroffen hatten, war Anna skeptisch bezüglich der Nutzung von Sprachmodellen (Large Language Models, LLMs). Sie ist Ingenieurin und war anfangs sehr enttäuscht, wenn LLMs bei mathematischen Fragestellungen allzu kreativ wurden und halluzinierten. Dennoch ließ sie sich von mir motivieren, dem Ganzen doch noch eine Chance zu geben.

Auf der Arbeit begann Anna, die im Unternehmen zugelassenen Sprachmodelle zur Erstellung von Texten und Präsentationen zu nutzen. Insbesondere wenn sie einen weniger kreativen Tag hatte und / oder schnell einen motivierende Email schreiben sollte, begann sie immer mehr, auf KI zurückzugreifen.

Eine Frage eröffnete neue Perspektiven

Auch in ihrer Freizeit experimentierte sie immer öfter mit ChatGPT. Eines Tages kam meiner Kollegin ein Gedanke, der ihr Privatleben entscheidend veränderte. Lange schon hatte Anna davon geträumt, ein eigenes Buch zu schreiben. Aber nie hatte sie es gewagt, damit anzufangen. So fragte sie ChatGPT: *"Kannst Du ein Buch schreiben?"*

Nun war ich natürlich damals nicht dabei, aber wenn ich jetzt ChatGPT frage, ob es ein Buch schreiben kann, erhalte ich folgende Antwort:

"Ja, ich kann ein Buch schreiben! Welche Art von Buch hättest du im Sinn? Ein Roman, ein Sachbuch, oder vielleicht eine Sammlung von Kurzgeschichten? Ich könnte dir auch bei der Struktur und dem Aufbau helfen, wenn du schon eine Idee hast."

Da Anna bereits genaue Vorstellungen von ihrem zukünftigen Buch hatte, konnte sie Details über Charaktere, Ort und Zeit der Handlung beschreiben. Sie ließ sich das erste Kapitel erstellen und begann, in einer lockeren Konversation mit ChatGPT an den Inhalten des ersten Kapitels zu schrauben. Während des Prozesses bekam sie sehr viele neue Ideen, die sie vorher gar nicht auf dem Schirm hatte.

Lockerer Plausch statt Prompt-Optimierung

Was mich an unserer Unterhaltung besonders inspiriert hat, war die Art und Weise, wie Anna mit ihrem Sprachmodell "arbeitet". Nach meinen Recherchen zum Prompt Engineering und wie man die Ausgabe von LLMs verbessert, ist dies natürlich ein ganz anderer Ansatz. Aber in diesem Fall mindestens genauso Erfolg versprechend.

Anna erzählte mir, wie sich ihre anfängliche Distanz und ihr Misstrauen in eine kreative und interessante Beziehung gewandelt hat. Sie wusste nun, was sie erwarten kann und auf welche Weise ChatGPT ihr bei ihrem kreativen Hobby zu ganz neuen Leistungen verhelfen kann.

Sparringspartner 24/7 zum Nulltarif

Das Konzept eines Sparringspartners kennt man in der "Offline-Welt" schon lange. Dabei handelt es sich um einen erfahrenen Gesprächspartner, der mit seinen Klienten zielorientiert an Herausforderungen arbeitet, um einen gewünschten Zustand in der Zukunft zu erreichen. Und der ist jetzt zu jeder beliebigen Tages- und Nachtzeit verfügbar.

Warum nicht einfach einmal ausprobieren, sich über eine aktuelle Herausforderung auf der Arbeit zu unterhalten. Oder - wie im Falle von Anna - einen lange gehegten Traum angehen und verwirklichen. Das gesammelte Wissen eines großen Sprachmodells liegt uns sprichwörtlich zu Füßen - oder eher in unserer Tasche. Was kann uns jetzt noch aufhalten?

Gibt es etwas, was Du schon immer einmal machen wolltest? Aber nicht wusstest, wie anfangen? Oder ein Karriereziel, das zurzeit noch unerreichbar erscheint. Oder vielleicht ein umfangreiches Projekt an Haus oder Garten.

Finde Deinen bevorzugten Konversationsstil

Was mich heute wirklich fasziniert hat, ist die Erinnerung an die Einfachheit. Man muss seine Konversation mit dem Sprachmodell nicht immer akribisch optimieren, sondern man kann auch einfach nur eine ganz normale Konversation aufnehmen. Das Tippen kann man sich übrigens meistens auch sparen, da es häufig eine Spracheingabe gibt.

Also, eine Tasse Tee trinken, gemütlich machen auf dem Sofa und los geht's.

2.5 VON DER INFORMATIONSFLUT ZUM DURCHBLICK - KI MACHT'S MÖGLICH

Ein Thema in Bezug auf KI, das mich besonders interessiert, ist die Zukunft der Arbeit. Da dieses Thema viele Facetten hat und ich noch keine richtige Struktur im Kopf habe, bin ich seit einiger Zeit mit Recherchen beschäftigt. Dabei ist mir aufgefallen, dass ich in meine alten "Forschungsmuster" zurückfalle, die ich u.a. während meiner Doktorarbeit vor vielen Jahren angewendet habe. Also viele Dokumente lesen, eine Struktur erstellen und dann die einzelnen Fakten und Ideen zu den jeweiligen Sektionen hinzufügen.

Neue (kürzere) Wege führen nach Rom…

Da sich die Zeiten der Informationsverarbeitung offensichtlich geändert haben, war ich zunächst auf der Suche nach neuen Methoden und Tools. Wie kann ich Informationen, also Texte, Audio, Video-Beiträge systematisch auswerten, strukturieren und verstehen? Über einen Newsletter auf LinkedIn von Prof. Dr. Yasmin Weiß bin ich auf NotebookLM von Google gestoßen (https://notebooklm.google).

KI-Rechercheassistent

Das Tool des personalisierten KI-Rechercheassistenten ist derzeit kostenlos und über den Browser nutzbar. Es basiert auf Googles LLM Gemini. Die Bedienung ist meiner Erfahrung nach einfach und leicht verständlich. Wenn man sich mit seinem Google-Account einloggt, gelangt man auf eine dreigeteilte Arbeitsfläche.

Im ersten Arbeitsbereich kann man relevante Quellen zum Thema hochladen. Dies können PDFs, Webseiten, YouTube-

Videos, Audiodateien oder andere (Google)Dokumente und Präsentationen sein. Man kann aber auch einfach einen Text reinkopieren. Das heißt, NotebookLM unterstützt multimodale Eingabe.

Im mittleren Bereich der Oberfläche ist ein Chat-Fenster. Hier kann man sich sozusagen mit den Quellen unterhalten. Jede beliebige Frage in Bezug auf spezifische Aspekte oder eine Zusammenfassung aller oder Teile der Quellen ist auf einfache Art und Weise möglich, ohne den Text, die Videos oder Audiodateien selbst durchgearbeitet zu haben. Im Chat-Fenster gibt es auch Vorschläge für Fragen, für den Fall, dass man auch bezüglich der Untersuchungsrichtung Inspiration sucht.

Angabe der verwendeten Quelle

Mir gefällt vor allem die Angabe der jeweils verwendeten Quelle (unter den von mir hochgeladenen Dateien). Wenn ich mit der Maus über die jeweiligen Nummern für die Quellenangabe gehe, wird mir in einem kleinen Fenster der Originaltext eingeblendet. Falls meine Quelle auf Englisch war, sehe ich den Text in der Originalsprache und kann ggfs. selbst vergleichen. Das erhöht definitiv mein Vertrauen bzgl. der angezeigten Ergebnisse.

Falls mir die Antwort auf meine (Chat-)Frage gefallen hat und ich später wieder auf sie zurückgreifen möchte, kann ich die Ausgabe als "In Notiz speichern". Alle gespeicherten Notizen werden auf der rechten Seite im Bereich "Studio / Notizen" gelistet.

Im Bereich Notizen gibt es einige vordefinierte Vorschläge zur Auswertung. Zum Beispiel kann man sich ein FAQ ("häufig gestellte Fragen und Antworten") erstellen lassen. Dies könnte einem Studenten helfen, sich auf eine Prüfung über die hochgeladenen Dateien vorzubereiten. Die Liste an Fragen und entsprechenden Antworten kann man sehr gut zum Üben nutzen. Eine andere Option ist die Aufbereitung der Inhalte über einen zeitlichen Horizont, beispielsweise einen zeitliche Abfolge von relevanten Ereignissen, die in den Quellen genannt werden.

Eigener Podcast auf einen Klick

Überrascht hat mich die Funktion "Audio-Zusammenfassung". Hier erstellt NotebookLM eine (englischsprachige) Zusammenfassung aller Quellen in einem Interview Format zwischen einem Mann und einer Frau. Falls Du das Studium deiner Quellen während des Pendelns zur Arbeit oder während deiner täglichen Joggingrunde hören möchtest anstatt die Zusammenfassung zu lesen, ist das eine sehr bequeme Alternative.

Auf diese Art und Weise lässt sich auch ganz einfach ein Podcast erstellen. Hierfür musst du lediglich deine Inhalte, z.B. aus deinem Blog oder deinem Buch in NotebookLM hochladen und dann die Audio-Zusammenfassung laden. Dies hat übrigens Prof. Dr. Yasmin Weiß mit ihren Inhalten gemacht. Der Podcast ist beispielsweise auf Spotify abrufbar https://open.spotify.com/show/6M3d6id6etCyEmIqYefGtn.

Einfach ausprobieren...

Wie du hier gesehen hast, lässt sich dieser Recherche Assistent für unterschiedliche Anwendungsszenarien verwenden. Zur schnellen Erfassung von Lerninhalten aus Vorlesungen, Lehrbüchern und Forschungsarbeiten oder um eine Struktur für eine Präsentation zu einem spannenden Themenbereich zu erarbeiten. Aber auch das Sammeln von Ideen, Marktstudien und Informationen über Wettbewerber ist auf diese Weise mit wenigen Klicks durchgeführt.

Welche (ewig langen) Studiendokumente oder (Jahres-)Berichte würdest du gerne prägnant auf das Wesentliche zusammengefasst bekommen? Oder eine "Konversation" führen mit einem Abschlussbericht, der schon so lange darauf wartet, gelesen zu werden? Oder vielleicht doch die Audioversion einer Zusammenfassung? Viel Spaß bei der Recherche!

2.6 DOPPELT HÄLT BESSER - BRAUCHEN WIR EINEN DIGITALEN ZWILLING?

Eingangs hatte ich erwähnt, dass es Menschen gibt, die sich explizit einen "digitalen Zwilling" von sich aufbauen wollen. In dem mir bekannten Fall möchte die Person in der Zukunft nicht mehr selbst arbeiten, sondern das von ihrem digitalen Zwilling erledigen lassen. Ehrlich gesagt, habe ich das vorher noch nicht gehört. Das ist also ein guter Anlass, sich etwas näher mit dem Thema zu beschäftigen.

Was ist ein digitaler Zwilling?

Etwas altmodisch habe ich zunächst nach der Definition in Wikipedia gesucht, bevor ich die Sprachmodelle befragt habe. Das hier schreibt Wikipedia:

"Ein digitaler Zwilling (englisch: digital twin) ist eine digitale Repräsentanz eines materiellen oder immateriellen Objekts aus der realen Welt in der digitalen Welt. Es ist unerheblich, ob das Gegenstück in der realen Welt bereits existiert oder zukünftig erst existieren wird. Digitale Zwillinge ermöglichen einen übergreifenden Datenaustausch. Sie bestehen aus Modellen des repräsentierten Objekts und können daneben Simulationen, Algorithmen und Services enthalten, die Eigenschaften oder Verhalten des repräsentierten Objekts beschreiben, beeinflussen oder Dienste darüber anbieten." (https://de.wikipedia.org/wiki/Digitaler_Zwilling)

Der Fall wäre also über die Definition abgedeckt: Der digitale Zwilling ist eine digitale Repräsentanz der Person mit einem Datenaustausch zwischen ihr und dem digitalen Zwilling. Darüber können Dienste angeboten werden, d.h. das mit der Arbeitskraft über den digitalen Zwilling ist auch berücksichtigt.

Bereits etabliert in der Fertigung

Das Thema digitaler Zwilling ist in einigen Branchen schon weit verbreitet. Ein Beispiel ist der Einsatz von digitalen Zwillingen in der Fertigung (Industrie 4.0). Hier gilt er jedoch nicht in Bezug auf Menschen, sondern auf Maschinen und Produktionsanlagen sowie Prozesse.

Du kannst dir das vorstellen wie ein digitales Abbild der physischen Einrichtungen in der Fabrik. So können die Mitarbeiter in Echtzeit die Anlage überwachen und analysieren. Die digitalen Zwillinge in der Fabrik können durch die Daten Vorhersagen über den Zustand der Maschinen treffen und beispielsweise präventiv Maßnahmen einleiten, sodass es gar nicht erst zu einem späteren Ausfall der Maschine kommt. Auch können Fehler schneller erkannt werden und somit den Ausschuss in der Produktion reduzieren.

Beispiele für digitale Zwillinge im Einsatz

Die Olympischen Spiele 2024 in Paris wurden mit Hilfe von digitalen Zwillingen geplant. Außerdem wurden der Bau und die Durchführung mit ihnen optimiert. 3D-Modelle bildeten Stadien und Infrastruktur ab. So konnten Probleme frühzeitig erkannt und auf Basis der digitalen Zwillinge Lösungen entwickelt werden. Durch Simulation der Verkehrsflüsse beispielsweise konnte eine bessere Planung vorgenommen werden.

Darüber hinaus kann der digitale Zwilling die Zusammenarbeit mit verschiedenen Akteuren vereinfachen, da sie auf eine gemeinsame digitale Plattform Zugriff hatten und mit ihr planen können. Auf https://www.oneplan.io/de/case-studies/paris-2024-olympics-digital-twins kannst Du mehr erfahren und Videos des digitalen Zwillings betrachten.

Bei meiner Recherche bin ich auf ein Projekt des Bundesamtes für Kartographie und Geodäsie gestoßen: Der "Digitale Zwilling Deutschland". Grundlage ist ein digitales, räumliches

Abbild Deutschlands, das "[...] eine bisher unerreichte Genauigkeit aufweist und alle grundlegenden Geo-Objekte enthält vom Hochhaus über die Verkehrsampel bis zum Baumbewuchs."
(https://www.bkg.bund.de/DE/Forschung/Projekte/Digitaler-Zwilling/Digitaler-Zwilling_cont.html). Es soll helfen, Zukunftsszenarien durchzuspielen, u.a. in Bezug auf Umweltgefahren, Gesundheit und Ausbau der Infrastruktur.

Zugegeben, diese Beispiele bilden Objekte nach, nicht aber einen Menschen. Lass uns nun ansehen, ob es heute schon digitale Zwillinge gibt, die einen Menschen repräsentieren.

Menschliche Abbilder

Heute haben wir schon digitale Zwillinge für Menschen - allerdings nur in spezifischen Bereichen - sie sind aber nicht allumfassend. Als Beispiel könnte das Gesundheitsmonitoring über sogenannte Wearables (tragbare Geräte wie eine Armbanduhr) angeführt werden.

Die Daten wie Anzahl der Schritte, Herzfrequenz oder Schlafmuster werden kontinuierlich gesammelt, analysiert und genutzt, um dem Anwender Empfehlungen zur Verbesserung seiner Lebensweise zu geben. Meistens kann der Nutzer diese Daten über eine App einsehen, die ein digitales Abbild seines gesundheitlichen Zustands beschreiben.

Zu einem gewissen Grad sind auch personalisierte Apps, die das Verhalten ihrer Nutzer aufzeichnen, als digitale Zwillinge zu klassifizieren. Die App "Duolingo" zum Erlernen von Sprachen sehe ich als einen digitalen Zwilling im Bildungsbereich. Man könnte sagen, dass Duolingo im Prinzip einen digitalen Zwilling des Lernenden erstellt. Das geschieht durch das Sammeln von Daten über den Lernfortschritt sowie Identifikation von Schwächen. Basierend auf diesen Daten passt die App die Lerngewohnheiten und das Tempo an. Es erstellt also ein Abbild von uns als Sprachen lernende Person.

Erstellung eines digitalen Zwillings

Neulich habe ich im LinkedIn Learning-Kurs von Sascha Wolter (LinkedIn Learning "Prompt Engineering - advanced techniques") einen interessanten Ansatz gesehen, wie man einen digitalen Zwilling einfach über ein Sprachmodell wie Copilot, ChatGPT oder Gemini erstellen kann. Dieser muss nicht zwangsläufig die eigene Persönlichkeit widerspiegeln. Wenn wir die Definition aus der Einleitung heranziehen, gibt es streng genommen außer dem initialen Prompt keinen weiteren Datenaustausch. Denn es handelt sich um eine fiktive Person.

Dennoch will ich dir die Idee hier vorstellen. Es geht darum, einen digitalen Zwilling für eine fehlende Fachkraft zu erstellen. In einem Prompt kann man den Text der Stellenbeschreibung eins-zu-eins übernehmen.

> *"Du bist der perfekte Kandidat für die folgende Stellenbeschreibung: [...] Stell dir vor, du arbeitest in genau dieser Funktion. Frage nach Details, um besser zu verstehen, was der Fragende wissen möchte. Beginne das Gespräch mit einer kurzen Vorstellung."*

Man kann den Prompt auch noch durch Vergabe eines Namens der Person sowie Vorgaben bezüglich der Tonalität wie beispielsweise freundlich, sachlich oder aggressiv oder kurz angebunden individualisieren. Anschließend kann man Fragen an diesen "Mitarbeiter", den digitalen Zwilling stellen.

Einschätzung von Gemini und ChatGPT

Da ich auch nach dieser kurzen Recherche immer noch unentschlossen bin, habe ich Gemini und ChatGPT gefragt, ob ich ab jetzt einen digitalen Zwilling benötige. Gemini verweist mich auf meine persönlichen Ziele und Interessen.

Zunächst erhalte ich einen Liste mit Vor- und Nachteilen eines persönlichen digitalen Zwillings. Vorteile sieht Gemini in den Bereichen Gesundheit, persönliche Entwicklung, Unterhaltung und Arbeit. Bei den Nachteilen werde ich auf den Datenschutz, mögliche Kosten und die Komplexität der noch in den Kinderschuhen befindlichen Technologie verwiesen.

Die abschließende Antwort, ob ich heute schon einen digitalen Zwilling benötige, lautet: "Wahrscheinlich nicht. Die Technologie ist noch nicht so weit, dass sie für die meisten Menschen einen unmittelbaren Nutzen bringen würde. Aber in der Zukunft könnten digitale Zwillinge eine wichtige Rolle in unserem Leben spielen." (Gemini)

Wie ist deine Meinung zu diesem Thema?

2.7 Meisterschaften und Prompt Battles - auf der Suche nach dem besten Prompter

Durch Zufall habe ich kürzlich erfahren, dass es jetzt in Schweden auch nationale Meisterschaften im Prompt Engineering gibt. Der Wettbewerb wurde erstmals Ende 2024 durchgeführt. Die Jury bestand aus KI-Experten, Repräsentanten aus der Industrie, Behörden und Interessensorganisationen (https://www.regeringen.se/pressmeddelanden/2025/02/digitaliseringsministern-gastar-sm-finalen-i-prompting). Bei der Preisverleihung in Stockholm waren sogar einige Minister und Vertreter von Behörden dabei.

Hintergrund und Motivation

Ausgangspunkt der Initiative war die Einschätzung einer Beratungsgesellschaft. Diese schätzt, dass Schweden sein Bruttoinlandsprodukt (BIP) jährlich um 9% steigern könnte - vorausgesetzt, dass generative KI im großen Umfang eingesetzt wird. Das größte Potenzial sehen die Autoren der Studie im Bereich des öffentlichen Sektors (https://www.regeringen.se/pressmeddelanden/2025/02/digitaliseringsministern-gastar-sm-finalen-i-prompting).

Das Ziel der schwedischen Meisterschaft war - neben dem Ermitteln des schwedischen Meisters in Prompt Engineering - Menschen zu inspirieren und den zunehmenden KI-Kompetenzbedarf in Schweden zu adressieren.

Großes Interesse an "der Kunst mit KI zu kommunizieren"

Im ganzen Land wurden regionale Wettbewerbe ausgetragen, um schließlich die besten Prompter im Finale in Stockholm gegeneinander antreten zu lassen. Die Vorentscheide wurden digital durchgeführt. Teilnehmen konnte jeder unabhängig von der bisherigen Erfahrung mit KI (https://pts.se/nyheter-och-pressmeddelanden/prompt-sm-finalen-ar-har).

Die zu lösenden Aufgaben waren fiktive Situationen, die im Arbeits- und Privatleben auftreten können. Die Teilnehmer mussten zur Lösung der Aufgabe Prompts schreiben.

Die Beurteilungskriterien

Die Beurteilung der abgegebenen Prompts erfolgte nicht anhand des Ergebnisses, das die KI daraufhin darstellen könnte. Die Bewertung orientierte sich vielmehr an den folgenden Kriterien und natürlich danach, wie gut sie der jeweilige Teilnehmer erfüllt hat (https://www.promptsm.se):

- Natürliche Sprache:
  Wie gut sind die Prompts hinsichtlich klarer und vollständiger Sätze formuliert.
- Deutlichkeit:
  Werden ausreichend situationsspezifische Informationen vermittelt?
- Prägnanz:
  Wie einfach und konkret sind die Prompts formuliert ohne unnötige Komplexität.
- Anpassung:

Wie gut sind die Prompts an Ton, Format und Stil der gegebenen Aufgabe und Zweck angepasst?

- Kreativität:
  Hier wurde die persönliche Note bewertet. Kreativität und Originalität hatten in der Bewertung einen hohen Stellenwert.

Ich finde, die Beurteilungskriterien zeigen sehr schön, dass in dieser neuen KI-Welt nicht nur Programmierer und Techniker gefragt sind. So kann man mit guten Sprach- und Formulierungsfähigkeiten in diesem Umfeld ganz neue Chancen ergreifen. Dies gilt privat, aber insbesondere auch beruflich. Es ist Zeit, die Gelegenheiten am Schopfe zu packen...

Prompt-Battles in Deutschland

Über eine deutsche Prompt-Meisterschaft konnte ich bisher noch nichts finden, bin mir aber sicher, dass das nur noch eine Frage der Zeit sein wird. Was ich jedoch gefunden habe, sind "Prompt-Battles" in unterschiedlichen deutschen Städten wie Berlin, Hamburg, Ulm, Hildesheim.

Einige Prompt-Battles waren im Kontext von KI, die Text-zu-Bild generiert. Aufgabe der Teams war es, mit einer guten Prompting-Technik das beste Bild zu einem vorgegebenen Thema zu generieren. In Ulm endete die Veranstaltung mit einer KI-Disko (https://www.ulm.de/aktuelle-meldungen/ka/uda---prompt-battle). Was es nicht alles gibt…

Wäre das nicht eine Idee für Team-Events?

Diese letzte Idee werde ich mitnehmen für das nächste Team-Event mit meinen Mitarbeitern. Ich finde es eine tolle Gelegenheit, mit generativer KI im spielerischen Kontext zu experimentieren. Ich werde mir eine Situation überlegen und sie mit einigen Details beschreiben. Dann werde ich jeden bitten, durch geschicktes Prompt Engineering ein möglichst passendes Bild zu generieren. Ich bin mir jetzt schon sicher, dass das Spiel sehr gut ankommen wird. Du wirst wenig Vorbereitung brauchen und viel Spaß haben. Optimal!

3 Kurse und Weiterbildung: Dein KI-Turbo

3.1 KI nderleicht - KI-Kurse nicht nur für Kinder

Letztens war ich auf der Suche nach einem KI-Kurs für Kinder. Ich muss sagen, ich war überrascht, wie viele unterschiedliche Bildungsangebote im Bereich IT sich für den deutschsprachigen Markt finden lassen. Gemeinsam mit unserer 10-jährigen Tochter haben wir uns für die Lernplattform "TüftelLab digital" entschieden. Im Angebot sind kostenlose, digitale Kurse wie auch Kurse vor Ort. Es lohnt sich auf jeden Fall einmal hier reinzuschauen:

https://digital.tueftellab.de

Unterschiedliche Lernangebote auf der Plattform

Auf der Homepage haben wir uns zunächst die unterschiedlichen (Kurs-)Angebote angesehen. Neben den Grundlagen-Kursen gibt es auch Tutorials und Lernmaterialien. Diese Plattform könnte auch für Lehrer sehr interessant sein.

Schließlich haben wir uns für den Grundlagenkurs "Künstliche Intelligenz" entschieden. Die Inhalte und Lernziele des Kurses waren klar beschrieben und umreißen ziemlich genau, welche Themen im Kurs behandelt werden.

Inhalte des Kurses

Zunächst wurde uns erklärt, dass KI Aufgaben eigenständig bearbeiten und lösen kann - und das im Unterschied zur bisherigen (Computer-)Welt, in der jeder Schritt von einem Menschen programmiert werden musste.

In den Beschreibungen werden immer wieder einfache Beispiele genannt und erklärt, was den Kurs sehr anschaulich macht. Die Bedeutung von Daten für die KI (genau, der Stamm in unserem Baum-Modell) wurde erläutert, genauso wie der Unterschied zwischen Mensch und Maschine.

Fragen und Aufgaben

Überrascht hat mich, dass meine Tochter die Aufgaben und Übungen in den jeweiligen Kapiteln sehr interessiert bearbeitet hat. Man kann die Aufgaben jedoch problemlos überspringen, wenn man das möchte. Auf jeden Fall wird das Maschinelle Lernen sehr anschaulich erklärt.

Deshalb geht ein besonderes Lob an das Team des TüftelLabs für das Kapitel über Maschinelles Lernen (Machine Learning). Ich persönlich finde es nicht leicht, dieses komplexe Thema anschaulich und nachvollziehbar zu erklären. Nach diesem Kurs bin ich wirklich begeistert, wie einfach und auf den Punkt das Thema beschrieben wurde. Die Tatsache, dass hierzu auch kurze YouTube-Videos verwendet wurden, hat nicht nur meiner Tochter sehr gefallen.

Anhand der KI-Bilderkennung wird sehr schön veranschaulicht, wie wir Menschen Bilder erkennen und wie eine KI dies tut. Auch der Abschnitt über Trainingsmethoden einer KI - überwachtes (supervised learning), unüberwachtes (unsupervised learning) sowie bestärkendes Lernen (reinforcement learning) könnte man meiner Meinung nach nicht kindgerechter erklären.

Wichtige Aspekte der Chancen und Risiken von KI

Ich finde das Kapitel über Chancen und Risiken von KI ist sehr ausgewogen und es hebt die wichtigsten Schwachpunkte hervor. Mit dem Klassiker-Bild "Muffin oder Chihuahua" wird jedem Betrachter direkt bewusst, dass KIs auch Fehler machen können.

https://www.freecodecamp.org/news/chihuahua-or-muffin-my-search-for-the-best-computer-vision-api-cbda4d6b425d

Sehr leicht verständliche Beispiele wurden auch für das Risiko voreingenommener Daten sowie zum Thema Datenschutz präsentiert. Meine Tochter konnte sich direkt etwas darunter vorstellen, so dass auch gleich eine tiefere Diskussion zum Thema der Risiken möglich war. Exakt so hatte ich mir die Impulse eines Kurses erhofft.

Fake oder echt?

Das Highlight kam am Ende des Kurses. Sehr wichtig ist aus meiner Sicht die Diskussion über die Verfälschung von Medieninhalten wie Bilder oder Videos. Zunächst haben wir ein kurzweiliges Video mit praktischen Tipps, wie man zumindest versuchen kann, ein unechtes Video zu erkennen, angesehen.

Anschließend wurden wir aufgefordert, Fake von echten Fotos zu   unterscheiden (https://detectfakes.kellogg.northwestern.edu). Hier war tatsächlich die ganze Familie plötzlich am Rechner. Jeder machte es auf seine Weise, gerne die Anzahl Finger zählend...

Nicht nur für Kinder

Wie ich schon in der Überschrift dieses Kapitels angekündigt habe, ist dieser Kurs definitiv nicht nur für Kinder interessant. Er ist für alle, die sich bisher noch nicht mit dem Thema auseinandergesetzt haben, auf jeden Fall eine gut investierte Stunde.

Weitere Kurse zum Thema KI gibt es auf der oben genannten Plattform. Ich bin sicher, dass wir diese bei Gelegenheit auch noch angehen werden. Schau doch auch mal vorbei auf https://digital.tueftellab.de

3.2 SELFIES FÜRS KI-EXPERIMENT - DEIN ERSTES BILDERKENNUNGSMODELL

Über das "TüftelLab digital" (https://digital.tueftellab.de) bin ich kurz darauf auf ein Tool gestoßen, mit dem ich meinen Kindern KI spielerisch näher bringen kann. Hier geht es um das Thema Bilderkennung. Das Schöne an diesem Anwendungsfall ist, dass es recht einfach zu verstehen ist.

Bedeutung der Bilderkennung

Bilderkennung mit KI bietet zahlreiche Anwendungsfälle - von der medizinischen Diagnose, über die Sicherheitsüberwachung bis hin zu autonomen Fahrzeugen. Die gute Nachricht ist - KI-Bilderkennung ist nicht länger eine ausschließliche Domäne von Experten. Dank einiger Tools ist dies nun praktisch jedem zugänglich. Eines davon wurde vom Strategic Research Council in Finland (tm.gen-ai.fi/about) finanziert und von Dr. Nicolas Pope entwickelt.

GenAI Teachable Machine

Die GenAI Teachable Machine (https://tm.gen-ai.fi/image/general) ist sehr benutzerfreundlich. Du brauchst nichts zu installieren, sondern kannst das Tool einfach über einen Browser nutzen. Für die Nutzung sind keine Vorkenntnisse erforderlich. Folge einfach diesen Schritten: Beginne mit dem Aufruf der Webseite https://tm.gen-ai.fi/image/general.

Datensammlung

Überlege dir, welches Thema du trainieren möchtest. Da du zum Trainieren des Modells Fotos/Bilder benötigst, ist es hilfreich ein Thema zu wählen, zu dem du einige Bilder griffbereit hast oder aus dem Internet verwenden kannst. Beispielsweise könnten es Gegenstände aus dem Haushalt sein, die du schnell mit dem Handy abfotografierst. Oder du nutzt Fotos, die du bereits auf dem Handy/Computer hast.

Meine Töchter und ich haben zunächst Bilder aus dem Internet für die Unterscheidung zwischen Blumen und Bäumen verwendet. Später kam sie auf die Idee, Fotos von sich aus unserer Fotosammlung zum Training des Bilderkennungsmodells zu nutzen. Letzteres hatte natürlich einen deutlich größeren Spaßfaktor.

Klassifizierung

Als nächstes legst Du in der GenAI Teachable Machine Kategorien fest. In unserem ersten Fall waren das die Kategorien Baum und Blume. Im Falle von Gegenständen aus der Küche könnten es die Kategorien Besteck und Teller sein. Alternativ könnten Gegenstände z.B. aus deinem Kleiderschrank oder deiner Werkzeugkiste kommen. Der Phantasie sind hier keine Grenzen gesetzt.

Abhängig von der Anzahl und Qualität deiner Bilder wird später der Output deines KI-Modells sein. Wir erinnern uns an den KI-Vergleich mit einem Baum. Die gefütterten Daten sind der Stamm des Baumes. Um eine hohe Output-Qualität zu erreichen, sollten die Fotos scharf und deutlich sein. Bilder der Gegenstände aus verschiedenen Winkeln sowie bei unterschiedlichen Lichtverhältnissen sind ebenfalls hilfreich. Weiterhin ist es vorteilhaft, wenn der Hintergrund möglichst einheitlich ist.

Training

Sobald du Bilder für deine Kategorien (du benötigst mindestens zwei Kategorien) hochgeladen oder über die Webkamera eingefügt hast, bist du bereit für den nächsten Schritt. Um dein Bilderkennungsmodell zu trainieren, klickst du auf "Klassifikator trainieren". Das dauert einen kurzen Moment und dann ist dein Modell bereit, getestet zu werden.

Testen

Jetzt kommt der spannende Teil: Du kannst nun dein Modell testen. Ähnlich wie du es bei der Klassifikation gemacht hast, lädst du ein zu bewertendes ("zu klassifizierendes") Bild hoch. Alternativ kannst du es in die Kamera halten. Der Klassifikator wird mit Prozentsätzen auf die Frage antworten. Das heißt, wenn du beispielsweise ein Foto zum Bewerten wählst, das bereits in einem der Klassen hochgeladen wurde, wird das Modell für die entsprechende Kategorie 100% ausgeben. Je nachdem, wie "sicher" sich das Modell ist, werden sich die Prozentsätze über die unterschiedlichen Kategorien verteilen.

Fazit

Gespannt waren meine Töchter, ob ihre Fotos richtig zugeordnet wurden. Highlight war der Vergleich mit anderen Familienmitgliedern sowie mit zufälligen Gegenständen wie zum Beispiel einer Tomate. Es ist wenig überraschend, dass diese Modelle qualitativ nicht sehr hochwertige Ergebnisse liefern. Die Menge an Inputdaten ist sehr gering. Was das Tool aber sehr schön und auf einfache, anschauliche Weise zeigen kann, ist die Funktionsweise der KI-Bilderkennung.

Falls Du nicht schon bereits die ersten Bilderkennungsmodelle parallel zum Lesen dieses Kapitels trainiert hast, ist es spätestens jetzt Zeit loszulegen. Es kostet nichts und ist direkt online verfügbar. Keinerlei Vorkenntnisse sind erforderlich. Ein einfacher Einstieg in die Welt der künstlichen Intelligenz.

3.3 BILDUNG FÜR ALLE - EIN KOSTENLOSER KI-EINSTEIGERKURS

Das Lernen hat sich in den letzten zehn Jahren sehr geändert. Ich persönlich bin begeistert von den scheinbar unendlich vielen, zumeist kostenfreien Kursangeboten, die man zu fast jedem Thema im Internet finden kann. Sei es auf Lernplattformen wie z.B. LinkedIn-Learning, Coursera, Udemy, oder Podcasts und Videos, beispielsweise auf YouTube. Wann immer man Zeit und Lust hat, kann man neue Inhalte aufsaugen.

MOOCs - riesige, offene Onlinekurse

Bei meinen Recherchen zum Thema KI-Einsteigerkurse bin ich zufällig auf einen interessanten Kurs der Universität Helsinki und dem finnischen Unternehmen MinnaLearn gestoßen: "Elements of AI" https://www.elementsofai.de. Es handelt sich hierbei um ein MOOC - ein "Massive Open Online Course", auf deutsch "riesiger, offener Onlinekurs". Dies sind kostenlose Kurse, häufig von Universitäten oder anderen Bildungseinrichtungen erstellt, die ohne jegliche Voraussetzungen konsumiert werden können. Lediglich ein Internetzugang ist erforderlich.

Auf Wikipedia (https://en.wikipedia.org/wiki/Elements_of_AI) habe ich erfahren, dass sich Finnland 2017 im Rahmen seiner KI-Strategie zum Ziel gesetzt hat, mindestens 1% der finnischen Bevölkerung zur Teilnahme an diesem Kurs zu bewegen. Das scheinen sie mit dem Kurs "Elements of AI" geschafft zu haben. Später wurde der Kurs in alle EU-Sprachen übersetzt und EU-Bürgern kostenlos zur Verfügung gestellt.

Kostenlos für alle EU-Bürger

Da ich sehr neugierig war, was der Kurs zu bieten hat, habe ich mich gleich registriert und losgelegt. Quelle: https://course.elementsofai.com/de

Auf https://www.elementsofai.de kannst du über das Land die Sprache auswählen, in der du den Kurs machen möchtest. Nachdem du dich mit E-Mail-Adresse und selbst gewähltem Passwort registriert hast, kann es schon losgehen.
Der Kurs ist in sechs Module aufgeteilt. Er startet mit einer Einführung, was künstliche Intelligenz ist und nimmt dabei direkt Bezug auf Anwendungsbeispiele. Jeder Abschnitt endet mit kurzen Aufgaben. Beispielsweise Fragen zum Gelernten oder kleine Aufgaben.

Weitere Themen sind Problemlösung mit KI, reale Anwendungen, maschinelles Lernen, neuronale Netze und Auswirkungen von KI.

KI-Philosophie

Überrascht hat mich der Abschnitt zur KI-Philosophie. Ich habe schon einige Kurse zum Thema künstliche Intelligenz gesehen, aber meistens mit eher technischen Schwerpunkten. Die Frage nach Intelligenz im Zusammenhang mit der Existenz von Verstand und Bewusstsein ist mir so noch nicht über den Weg gelaufen. "Ist man zwangsläufig intelligent, wenn man sich menschenähnlich verhält?" war eine Frage, die im Kurs aufgeworfen wurde.

Zwei Tests wurden daraufhin zum Thema vorgestellt. Zum einen der Turing-Test, benannt nach Alan Turing, der als "Vater der Informatik" gilt. Die Idee zu diesem Test hatte Turing bereits 1950. Das Gedankenexperiment sollte zeigen, ob eine Maschine menschenähnliche Intelligenz besitzt. Dies wäre der Fall, wenn ein Mensch die Kommunikation zwischen Maschine und Mensch nicht unterscheiden kann.

Als Gegenargument wurde das "Chinesische Zimmer" beschrieben, das zeigen soll, dass etwas nur intelligent wirken kann, aber nicht wirklich intelligent ist.

Ohne Fleiß kein Preis: Die Teilnahmebescheinigung

Bei erfolgreichem Abschluss des Kurses kannst du eine digitale Teilnahmebescheinigung erhalten. Es scheint sogar möglich zu sein, zwei ECTS-Punkte für den Kurs zu erhalten.

Also, in die Tasten hauen und gleich starten. Wissen über und die Anwendung von künstlicher Intelligenz ist die neue Superkraft. Es ist nie zu früh, noch mehr zu wissen. Viel Spaß!

3.4 LERNEN OHNE ENDE - DER KI-CAMPUS MACHT ES MÖGLICH

Eigentlich ist es längst Zeit zum Schlafen gehen, aber mein neuester Fund im Bereich deutschsprachiger KI-Weiterbildung hält mich davon ab: Es ist der KI-Campus (ki-campus.org). Ich bin sehr positiv überrascht, welch umfangreiches Angebot ich da entdeckt habe:

Was ist der KI-Campus?

Der KI-Campus ist eine für jeden offene und kostenlose Lernplattform zum Thema Künstliche Intelligenz mit Onlinekursen, Podcasts, Blogs, Videos sowie verschiedenen Foren und Communities. Darüber hinaus bündelt die Seite Informationen über diverse Forschungsprojekte und Innovationshubs, auch mit Schwerpunkten auf spezifische Berufsfelder, z.B. Bildung, Medizin. Der Betreiber der Plattform ist der Stifterverband zusammen mit Partnern.

Die Vision und Mission der Plattform spricht mich direkt an:

Dort ist zu lesen:
"Unsere Vision: Eine KI-kompetente Gesellschaft.
Unsere Mission:
Wir stärken KI-Kompetenzen durch kostenlose, digitale Lernangebote für alle." (https://ki-campus.org/about)

Ziel ist es, die KI-Kompetenzen in der Gesellschaft zu stärken. Als Ergebnis können Nutzer KI-Entwicklungen besser verstehen und kritisch hinterfragen. Wenn mehr Menschen einen informierten und verantwortungsvollen Umgang mit KI erlernen, kann so auch der Fachkräftemangel auf diesem Gebiet adressiert werden (https://ki-campus.org/faq).

Auf Wikipedia finde ich Informationen über den Hintergrund und die Geschichte der Initiative. Gestartet hat der KI-Campus 2019 als ein vom Bundesministerium für Bildung und Forschung gefördertes Forschungs- und Entwicklungsprojekt. Ein Jahr später war die Lernplattform online. Nach Angaben von KI-Campus waren bis Sommer 2024 60.000 Nutzer registriert. (https://de.wikipedia.org/wiki/KI-Campus)

Lernangebot im Überblick

Der KI-Campus bietet eine Vielzahl an Massive Open Online Courses (MOOC) an. Das heißt Kurse, für die weder eine Zugangs- noch eine Zulassungsbeschränkung gelten. Es gibt deutsch- und englischsprachige Kurse, die von der Lernplattform und deren Partnern selbst erstellt wurden. Zu den Partnern gehören renommierte Kursanbieter wie Universitäten und Forschungseinrichtungen.

Außerdem wird auch externer Content über die Plattform zur Verfügung gestellt. Das ermöglicht ein umfangreiches Sortiment an unterschiedlichen Kursen und Schwerpunkten. Dies hat auch den Vorteil, dass regelmäßig neue Kurse hinzukommen.

Das Lernangebot ist inklusiv und bietet Menschen mit unterschiedlichen Lernvoraussetzungen (Einsteiger bis Fortgeschrittene) passende Kurse und Materialien. Daher sollte für jeden etwas dabei sein, denke ich.

Spannend finde ich die Kurse, die Schwerpunkte auf bestimmte Branchen oder Berufsbereiche legen. Beispielsweise gibt es viele Angebote für den Bildungsbereich, wie Lehrkräfte KI-Wissen an ihre Schüler und Studenten vermitteln können. Da die Kurse meist unter einer offenen Lizenz stehen, können sie auch direkt in die eigene Lehre/Unterricht eingebunden werden (https://ki-campus.org/faq).

Ein anderes Beispiel sind Kurse für den medizinischen Bereich - der Kurs "Dr. med. KI - Basics" wird von der Charité angeboten. Es gibt aber auch Weiterbildungsmöglichkeiten für Journalisten, Ingenieure, Führungskräfte, Fachkräfte aus der öffentlichen Verwaltung, Geologen - die Liste lässt sich lange fortsetzen.

Wie funktioniert der KI-Campus?

Über die Webseite https://ki-campus.org/overview kannst du dir leicht einen Überblick über das Kursangebot verschaffen. Möglicherweise macht es Sinn, mit dem Filter (Lupe oben rechts) zu suchen, da das Angebot sehr umfangreich ist.

Um einen Kurs zu beginnen, musst du dich mit deiner Email-Adresse und einem selbst gewählten Passwort registrieren. Nach der Verifizierung (Link in Email) kannst du direkt mit einem oder mehreren Kursen deiner Wahl beginnen.

Die Nutzung ist wie gesagt kostenlos. Die Kurse basieren auf interaktiven Lernmethoden und sind meist mit praktischen Übungen und/oder Projekten. In vielen Fällen kann man sogar mit Abschluss des Kurses einen Leistungsnachweis oder ein

Zertifikat erwerben. Das macht sich auf jeden Fall gut im Lebenslauf für die nächste Bewerbung oder auch beim aktuellen Arbeitgeber.

Fazit

Ich bin wirklich sehr begeistert von dem umfangreichen Angebot an KI-Weiterbildungsmöglichkeiten auf KI-Campus. Spannende Kurse, kostenlos zu jeder Tages- oder Nachtzeit - ein Traum für jeden KI-Interessierten.
Man kann übrigens auch eigene Kurse oder Videos auf die Plattform einbringen und somit selbst zum Kurssortiment beitragen.

Welches Thema auf der Plattform spricht dich am meisten an? Hast du schon einen passenden Kurs gefunden?

Viel Spaß!

4 KI AUF NATIONALER EBENE: DER WELTWEITE KI-WETTLAUF

4.1 KI MADE IN GERMANY - DEUTSCHLANDS KI-STRATEGIE

Das Thema Künstliche Intelligenz ist nicht nur ein (zukünftiger) Wettbewerbsfaktor unter Unternehmen sowie der berufstätigen Bevölkerung. Volkswirtschaftlich betrachtet ist der Wettbewerb unter den Nationen bereits in vollem Gange. Auf den vorderen Plätzen tummeln sich die USA und China. Indien ist am Aufholen. Aber auch in Europa und vor allem in Deutschland möchte man diese historische Chance nicht verpassen.

Weltspitze

Dies ist der Grund, warum sich die Bundesrepublik 2018 eine Nationale Strategie für Künstliche Intelligenz gegeben hat. Das Ziel ist, nichts Geringeres als "KI made in Germany" an die Weltspitze zu führen.

https://www.ki-strategie-deutschland.de

Erarbeitet wurde die Strategie von vielen Experten und Wissenschaftlern aus unterschiedlichen Bereichen. Es umfasst einen bunten Blumenstrauß an Themen, einschließlich Freiheitsrechte, Autonomie, Persönlichkeitsrechte, Entscheidungsfreiheit des Einzelnen. Ein wichtiger Aspekt ist die Erschließung neuer Märkte für deutsche Unternehmen und damit die Zukunftssicherung Deutschlands als Industriestand-ort.

Idee der deutschen KI-Strategie ist es, grundlegende Rah-menbedingungen vorzugeben und als "lernende Strategie" von verschiedenen Akteuren in regelmäßigen Abständen gepasstan zu werden. Darüber hinaus haben die Bundeslän-der eigene KI-Strategien erarbeitet, um die strategischen Ziele sowie erforderliche Maßnahmen weiter zu konkretisieren.

Was soll erreicht werden?

Als Hauptziele der Nationalen Strategie für Künstliche Intelli-genz werden die folgenden genannt:

1. „'Artificial Intelligence (AI) made in Germany' soll zum weltweit anerkannten Gütesiegel werden."
2. "Deutschland soll seine starke Position in der Indus-trie 4.0 ausbauen und führend bei KI-Anwendungen in diesem Bereich werden. Von KI-Anwendungen soll auch unser starker Mittelstand profitieren."
3. "Deutschland soll zum attraktiven Standort für die klügsten KI-Köpfe der Welt werden."
4. "Im Fokus soll immer der Nutzen von KI für die Bür-gerinnen und Bürger stehen."
5. "Daten sollen in Deutschland ausschließlich zum Wohle von Gesellschaft, Umwelt, Wirtschaft und Staat genutzt werden."
6. "Mit einer neuen Infrastruktur zur Echtzeit-Datenüber-tragung soll die Basis für neue KI-Anwendungen geschaffen werden."

7. "KI in Deutschland soll von einem hohen Niveau an IT-Sicherheit flankiert werden."

8. "Wir wollen eine europäische Antwort auf datenbasierte Geschäftsmodelle und neue Wege der datenbasierten Wertschöpfung finden, die unserer Wirtschafts-, Werte- und Sozialstruktur entspricht."

9. "Auch in der Arbeitswelt soll es immer um KI zum Wohle aller Erwerbstätigen gehen."

10. "Die Potenziale von KI sollen Lebens- und Arbeitsbereiche sicherer, effizienter und nachhaltiger gestalten."

11. "KI soll die soziale Teilhabe, Handlungsfreiheit und Selbstbestimmung der Bürgerinnen und Bürger fördern."

12. "Die Potenziale von KI sollen für die nachhaltige Entwicklung genutzt werden und damit einen Beitrag zum Erreichen der Nachhaltigkeitsziele der Agenda 2030 leisten."

13. "Für KI-Anwendungen werden Rahmenbedingungen gesetzt, die Vielfalt schaffen und erhalten und den gebotenen Raum für die Entfaltung der kulturellen und medialen Freiheiten garantieren."

Quelle: https://www.ki-strategie-deutschland.de

Wie sollen die Ziele erreicht werden?

Basierend auf diesen Hauptzielen wurden 12 Handlungsfelder abgeleitet. Über Förderprogramme, Initiativen, Kooperation etc. soll Deutschland das Ziel, ein führender Standort für KI zu werden, mittelfristig erreichen.

Eine der vielen Fördermaßnahmen beinhaltet die Gewinnung und Etablierung von 150 zusätzlichen KI-Professuren. Weitere Maßnahmen betreffen Initiativen und Forschungsprojekte von Bundesministerien mit Universitäten, Forschungseinrichtungen und Unternehmen, vor allem kleine und mittelständische Unternehmen. Stärker anwendungsorientiert sind beispielsweise die KI-Anwendungshubs oder sogenannte "Reallabore". Ein anderer Aspekt der Umsetzung ist die Förderung von Start-ups. Über die nationale Weiterbildungsstrategie adressiert die Bundesregierung die Förderung von Kompetenzentwicklung der derzeitigen und zukünftigen Erwerbstätigen. Sogar der Aufbau eines digitalen Zwillings für Deutschland wird erwähnt.

Die Aufzählung hier ist weit entfernt davon, vollständig zu sein. Ich kann nur empfehlen, sich auf der Webseite https://www.ki-strategie-deutschland.de einen eigenen Überblick zu verschaffen.

Zwischenstand: OECD-Bericht 2024

Um uns einen Überblick über die Fortschritte bei der Implementierung der deutschen AI-Strategie zu verschaffen, bietet sich der OECD-Bericht zu Künstlicher Intelligenz in Deutschland (OECD (2024), OECD-Bericht zu Künstlicher Intelligenz in Deutschland, OECD Publishing, Paris, https://doi.org/10.1787/8fd1bd9d-de oder https://www.ki-strategie-deutschland.de/files/downloads/OECD-Bericht_K%C3%BCnstlicher_Intelligenz_in_Deutschland.pdf) an. Der Bericht nimmt auch ein internationales Benchmarking vor.

Die Bewertung ist in vier Bereiche strukturiert: Deutschlands Stärken, Schwächen, Chancen und Risiken. Abschließend werden noch Empfehlungen aufgelistet.

Stärken

Einen prägnanten Überblick über die Stärken von Deutschlands AI-Bestrebungen liefert die Zusammenfassung im Bericht:

"Im sich entwickelnden KI-Wettlauf ist Deutschland mit einzigartigen Wettbewerbsvorteilen ausgestattet: Forschungsexzellenz gepaart mit der Priorität, KI menschenzentriert zu entwickeln sowie Deutschlands internationaler Einfluss schaffen einen fruchtbaren Boden für die KI-Entwicklung und -Einführung." (OECD 2024, S. 17)

Das heißt, Deutschland ist stark im Bereich der KI-Forschung, sowohl bei den Grundlagen als auch bei der angewandten Forschung. Das Vorhandensein von "zahlreichen Supercomputern" ermöglicht hier gute Voraussetzungen. Es heißt weiter, dass diese Rechenkapazitäten in anderen europäischen Ländern nicht in diesem Maße vorhanden sind. Wir erinnern uns an das eingangs erwähnte "Baum-Modell" von KI. Die Grundlage für KI ist die Infrastruktur und Daten. Daher ist dieser Vorteil von zentraler Bedeutung.

Als weitere Stärke wird der menschenzentrierte KI-Ansatz genannt. Dies zeigt sich durch die Auswahl von Anwendungsfällen, die der Bevölkerung als Ganzes zugutekommt wie beispielsweise im Bereich Gesundheitswesen und ökologischer Nachhaltigkeit. Allgemein gesprochen sollten die Fähigkeiten der Menschen erweitert werden.

Ebenfalls als deutsche Stärke wird die aktive Förderung von politischen Initiativen in Bezug auf Regulierung und Standardisierung genannt. Dies schließt den Einsatz regulatorischer Experimente mit ein. Auch das Engagement in internationalen Normungsorganisationen wird lobend erwähnt.

Sehr positiv nehme ich die Vielfalt an Stärken wahr, da sie aus unterschiedlichen Bereichen kommen. Mein Eindruck ist, dass wir insbesondere im Bereich (Grundlagen-)Forschung auch in der Vergangenheit meist ausgezeichnete Ergebnisse erzielt haben. Dies wird kombiniert mit einem menschenzentrierten Ansatz und dem Einsatz für mehr Standardisierung und - nicht immer geliebt, aber dennoch essentiell - Regulierung mit klaren Spielregeln für alle Akteure. Diese ausgezeichneten Grundlagen sollten wir nun nutzen, um auch die Früchte der Arbeit zu ernten. Lass uns nun den genannten Schwächen zuwenden.

Schwächen

Wir beginnen wieder mit der Zusammenfassung des OECD-Berichts, diesmal bezüglich der deutschen Schwächen:

"Während der Hype um KI weltweit seinen Höhepunkt erreicht, fällt die Begeisterung in der deutschen Wirtschaft verhaltener aus: Zwar wird KI auch in Deutschland weithin als die nächste Querschnittstechnologie mit erheblichen Wettbewerbsvorteilen für Unternehmen betrachtet, aber wesentliche Voraussetzungen wie ausreichend verfügbares Wagniskapital erfüllt das Land nur bedingt. Darüberhinaus hat Innovationsmüdigkeit dazu beigetragen, dass KI bisher nur begrenzt Verbreitung gefunden hat." (OECD 2024, S. 19)

Besonders bedenklich erscheint mir die hier genannte "Innovationsmüdigkeit". Der Bericht umschreibt dies mit den Worten, dass Deutschland "Opfer seines eigenen Erfolgs" werden könnte. Der bisherige Erfolg könnte zur Einstellung führen, dass kein weiterer Innovationsbedarf besteht und so das Potential und die Notwendigkeit, in KI-Anwendungen zu investieren, dramatisch unterschätzt wird. In Verbindung mit einem risikoaversen Verhalten gegenüber (riskanten) Innovationen und begrenzter Verfügbarkeit von Wagniskapital für KI-Startups kann das in naher Zukunft fatale Konsequenzen für den Standort Deutschland haben.

Weitere Aspekte, die der Bericht nennt, beziehen sich auf den Mangel an KI-Kompetenzen. Auch die fehlende, umfangreiche Anpassung von Aus-, Um- und Weiterbildungsprogrammen an KI-Inhalte wird bemängelt. Es wird vorgeschlagen, dass insbesondere über die Berufsausbildung sowie über vorausschauende Arbeitgeber Möglichkeiten geschaffen werden, die jeweiligen KI-Kompetenzlücken zu schließen.

Schließlich wird auf Herausforderungen der digitalen Infrastruktur sowie des Zugangs zu offenen Daten eingegangen. Die lückenhafte digitale Infrastruktur, vorwiegend in ländlichen Gebieten ohne leistungsfähige Internetverbindungen, macht den reibungslosen Datentransfer und die Datenverfügbarkeit fast unmöglich. Wir erinnern uns hier wieder an den Baum mit seinen Wurzeln und dem Stamm, die das Fundament der KI bilden.

Aus meiner Sicht sind die genannten Punkte eine erschreckende Erkenntnis, die den Wirtschaftsstandort Deutschland in reale Gefahr bringt. Insbesondere die Innovationsmüdigkeit in Kombination mit unzureichender digitaler Infrastruktur sehe ich als großes Risiko, das dringend angegangen werden muss. Diese Aspekte können nicht von heute auf morgen verändert werden, sondern sie müssen systematisch adressiert werden.

Aus den Stärken und Schwächen lassen sich Chancen und Risiken für Deutschland ableiten.

Chancen

Die Autoren der OECD-Studie kommen zu dem Schluss, dass der aktuelle Hype die Einführung von KI in Deutschland beschleunigen könnte. Durch politische Maßnahmen sehen sie die Chance, unterschiedliche Branchen durch KI zu transformieren und zukunftsfähig zu machen. Außerdem bewerten die Experten Deutschlands besondere Position der Beteiligung unterschiedlicher Interessensträger:innen sowie bei der KI-Politik positiv.

Risiken

In Bezug auf die Risiken wird insbesondere auf die Gefahr hingewiesen, dass die deutsche Industrie ihre internationale Wettbewerbsfähigkeit verlieren könnte. Die Autoren empfehlen verstärkt auf Kollaborationen innerhalb der EU zu setzen, um im weltweiten Wettbewerb den Größenvorteil der EU als Staatenverbund zu nutzen.

Ein anderes Risiko sehen die Experten Desinformationsbedrohnungen durch Fake News etc.. Dies könnte das Vertrauen und die Einstellung der Bevölkerung maßgeblich negativ beeinflussen. Darüber hinaus werden Sorgen über wachsende wirtschaftliche Ungleichheiten genannt. Am Ende der Studie wird auch auf Nachhaltigkeitsbedenken bezüglich KI eingegangen. (OECD 2024, S. 23)

Empfehlungen

Zusammenfassend nennen die Autoren der OECD-Studie ihre wichtigste Empfehlungen:

"Deutschland ist insgesamt gut positioniert, um im globalen KI-Wettbewerb mitzuhalten. Um seine KI-Ambitionen allerdings auch gut voranzubringen, könnte es seinen internationalen Einfluss und sein wirtschaftliches Gewicht gezielt zur Umsetzung von Reformen nutzen." (OECD 2024, S. 24)

In die Startlöcher…

Mit seiner Nationalen Strategie für Künstliche Intelligenz war Deutschland 2018 unter den ersten Ländern, die sich mit Weitblick und Führungsstärke diesem wichtigen Thema zugewendet haben. Diesen Vorteil sollten wir nicht verspielen. Es gibt viel zu gewinnen und leider aus meiner Sicht auch viel zu verlieren.

Wie wir hier anhand des OECD-Berichts sehen konnten, haben wir in Deutschland gute Voraussetzungen, "oben mitzuspielen". Aber der Wettbewerb ist hart und schläft nicht. Wir dürfen keine Zeit mehr verlieren. Jeder ist hier gefragt. Zusammen können wir eine gute Zukunft für Deutschland und Europa sichern.

Auf los geht's los!

4.2 WOHLSTAND DURCH KI - SCHWEDENS VISION FÜR EINEN WETTBEWERBSFÄHIGEN WOHLFAHRTSSTAAT

Nachdem wir uns im vorangegangenen Kapitel mit Deutschlands nationaler KI-Strategie auseinandergesetzt haben, wollen wir nun den Blick über den Tellerrand zu einem unserer europäischen Nachbarn werfen: Schweden. Genau wie Deutschland hat Schweden 2018 einen "nationalen Ansatz" im Bezug auf künstliche Intelligenz veröffentlicht.

https://wp.oecd.ai/app/uploads/2021/12/
Sweden_National_Approach_to_Artificial_Intelligence_2018.pdf

Führungsrolle im Bereich der Digitalisierung

Zu Beginn des Dokuments wird die Zielrichtung klar: Schweden möchte bei der Nutzung der Chancen der digitalen Transformation eine weltweit führende Rolle einnehmen. Bereits heute ist Schweden vergleichsweise weit fortgeschritten in Bezug auf die Digitalisierung im Lande. Das schwedische Dokument "Nationaler Ansatz für KI" soll diesbezüglich die generelle Richtung KI-bezogener Arbeit in Schweden identifizieren und die Grundlage für zukünftige Entscheidungen und Priorisierungen legen.

KI als Wettbewerbsvorteil

Länder, die Vorteile von KI für sich realisieren können, während die Risiken in einer verantwortlichen Art und Weise gemanagt werden, sieht man als Nutznießer eines weltweiten Wettbewerbsvorteils. Großes Potenzial wird insbesondere auch dem öffentlichen Sektor zugesprochen. KI wird als bedeutende Chance erkannt, Schwedens Wohlfahrt und Wettbewerbsfähigkeit zu stärken. Das Ziel ist eng verknüpft mit der Digitalstrategie des Landes.

Damit die schwedische Gesellschaft das Potenzial von KI heben kann, werden vier Bereiche als entscheidend eingestuft: Bildung, Forschung, Innovation & Anwendung sowie Rahmenbedingungen & Infrastruktur. Quer durch alle diese Bereiche zieht sich das Thema nachhaltige KI, welches im Rahmen des vorgestellten Dokumentes bedeutet, dass KI-Anwendungen ethisch, sicher, zuverlässig und transparent sein sollten.

Relevanz für alle Bereiche der Gesellschaft

Interessant ist der Hinweis, dass man sich in dem Dokument auf einige Bereiche fokussiert. Dennoch wird hervorgehoben, dass sich Erfolg nur dann einstellen wird, wenn alle Bereiche der Gesellschaft involviert werden.

Bildung

Auf dem Gebiet der Bildung nennt das Dokument drei Schwerpunkte:

- Im Bereich der höheren Bildung ist es entscheidend, eine ausreichende Anzahl an Absolventen und Berufstätigen mit Universitätsabschlüssen mit KI-Schwerpunkten auszubilden. Es wird festgestellt, dass heute ein Mangel an Talenten mit KI-Wissen in Schweden und weltweit besteht.
- Darüber hinaus ist es von großer Bedeutung, AI-Komponentenwissen in nicht-technischen Studien- und Ausbildungsprogrammen anzubieten, um eine breite und verantwortliche Anwendung der Technologie sicherzustellen. Generell wird die Erfordernis des lebenslangen Lernens betont.
- Schweden benötigt eine enge Verknüpfung zwischen Forschung, höherer Bildung und Innovation auf dem Gebiet der künstlichen Intelligenz.

Forschung

Bezüglich der Forschungsaktivitäten werden im schwedischen Strategiepapier folgende Aspekte hervorgehoben:

- Schweden benötigt sowohl eine starke Grundlagen- als auch anwendungsorientierte Forschung in KI. Innovative KI-Forschung wird gesehen als ein Treiber für Exporte, verbesserte öffentliche Dienstleistungen sowie neue Arbeitsplätze.
- Eine enge Verbindung mit führenden internationalen Forschungseinrichtungen ist bedeutsam. Insbesondere die Kooperation innerhalb der EU wird mehrfach hervorgehoben.
- Eine enge Kollaboration zwischen Unternehmen, dem öffentlichen Sektor sowie der Forschung ist essentiell.
- Schweden muss Synergien zwischen ziviler und militärischer Forschung nutzen. Dies schließt Cyber-security mit ein.

Innovation & Anwendung

Zum Thema Innovation und Anwendung werden drei Aspekte genannt:

- Um KI auf sichere, geschützte und verantwortungs-volle Weise nutzen zu können, benötigt Schweden Pilotprojekte und Testumgebungen im öffentlichen und privaten Sektor.

- Mit KI verbundenen Risiken müssen durch fortgeführte Entwicklungsanstrengungen vermieden und gemanagt werden. Hier wird auch das Thema Desinformation als große Gefahr gesehen.
- Partnerschaften und Kollaborationen mit anderen Ländern, insbesondere der EU, werden zum Thema Anwendung von KI erforderlich sein. Man ist sich hier bewusst, dass Schweden ein vergleichsweise kleines Land ist.

Rahmenbedingungen & Infrastruktur

Die grundlegenden Anforderungen einschließlich Daten und Infrastruktur werden in dieser Rubrik zusammengefasst:

- Es müssen Regularien, Standards, Normen und ethische Prinzipien entwickelt werden, um eine ethische und nachhaltige Nutzung von AI zu ermöglichen. Dies ist von großer Bedeutung, da durch KI einen gesellschaftliche Transformation erwartet wird.
- Schweden muss sich für nationale sowie internationale Standards & Regularien in Bezug auf AI einsetzen. Als Beispiel werden "cross-border data transfer rules" sowie EUs General Data Protection Regulation (GDPR) genannt.
- Eine regelmäßige Überprüfung hinsichtlich digitaler Infrastruktur ist vonnöten. Im Dokument werden die Supercomputer des Swedish National Infrastructure for Computing (SNIC) erwähnt.
- Schweden muss weiterhin daran arbeiten, Daten zur Verfügung zu stellen.

Unterschiede zur deutschen KI-Strategie

Aus meiner Sicht ähnelt die schwedische der deutschen KI-Strategie in vielen Punkten. Was mir jedoch auffällt, ist der klare Fokus auf die Chancen der Technologie für das Wohl der schwedischen Bevölkerung. Dabei werden die Risiken nicht ausgeklammert.

Interessant finde ich auch, dass die gesamte Bevölkerung explizit in die Verantwortung genommen wird, jeweils ihren Beitrag zum Erfolg zu leisten. Unter anderem durch individuelle Investitionen in lebenslanges Lernen. Die Verantwortung bei jedem einzelnen zu sehen, ist für mich ein typisch schwedischer Ansatz und überrascht mich hier nicht.

Außerdem ist mir die explizite Erwähnung der militärischen Aspekte von KI ins Auge gesprungen.

Weiterhin wird vergleichsweise oft der öffentliche Sektor genannt. In den detaillierten Ausführungen des Dokuments wird erwähnt, dass Schweden eine fast einzigartige Situation in diesem Bereich hat: Schweden kann hier auf umfangreiche, qualitativ hochwertige Daten zurückgreifen. Wir erinnern uns an den KI-Baum: eine gute Datenbasis ist essentiell für die sinnvolle Anwendung von KI.

Da ich in Schweden lebe, kann ich die Aktivitäten von AI Sweden (https://www.ai.se/en), einem schwedischen Zentrum für angewandte KI, näher verfolgen. Bei einer ihrer Vortragsreihen wurde GPT-SW3 (https://insights.ai.se/open-release-ofgpt-sw3) vorgestellt. Dies ist das erste LLM für nordische Sprachen. Ziel ist es hier, unterrepräsentierte Sprachen (wie beispielsweise Schwedisch) stärker zu berücksichtigen und für die Nutzung vorzubereiten.

Es ist wirklich spannend zu sehen, welche unterschiedlichen Schwerpunkte Länder in Bezug auf ihre KI-Aktivitäten setzen. Weniger überraschend ist, dass es eine große Überlappung von Themen gibt.

4.3 Europas KI-Vision - EU AI Champions Initiative

Wie wir wissen, ist der Wettbewerb unter den Ländern der Welt in Bezug auf die Entwicklung und Nutzung von KI in vollem Gange. Wir haben in den vorherigen Kapiteln Strategien zweier europäischer Länder einschließlich Deutschlands näher betrachtet. Bereits in den KI-Strategien der Länder wurde deutlich, dass in diesem Umfeld der Zusammenschluss mit anderen (europäischen) Partnern erforderlich ist.

Wer bringt sich ein?

Mit dem Ziel, Europas ganzes KI-Potential zu erschließen, wurde 2025 die Initiative "EU AI Champions Initiative" (https://aichampions.eu) ins Leben gerufen. Teil der Initiative sind mehr als 60 führende europäische Unternehmen. Neben den Unternehmen wird aber auch ganz bewusst der Schulterschluss mit der EU-Kommission sowie Regierungsvertretern der jeweiligen Mitgliedsländer gesucht.

Was soll erreicht werden?

Europa soll in der KI-Liga der Welt ganz oben mitspielen. Aus Sicht der Initiative muss Europa dafür die drei Themen Technologie, Kapital und Richtlinien bearbeiten, um wettbewerbsfähige Rahmenbedingungen für KI in Europa zu schaffen.

Eine Studie basierend auf umfangreichen Interviews unter Vertretern der Wirtschaft kommt zu dem Schluss, dass Regulierungen auf diesem Gebiet dringend vereinfacht werden müssen (https://files.elfsightcdn.com/eafe4a4d-3436-495d-b748-5bdce62d911d/9dc25764-5c0a-4c04-b55e-6be1d26f625f/EU-AI-Champions-Initiative-Media-Release.pdf). Übrigens, die weltweit erste umfassende Regulierung von KI wurde in der EU erarbeitet und verabschiedet: Die Verordnung über künstliche Intelligenz (auf englisch EU AI Act - https://de.wikipedia.org/wiki/Verordnung_%C3%BCber_k%C3%BCnstliche_Intelligenz).

Zusammengefasst nennt der Bericht die folgenden Handlungsbereiche, also was gemacht werden muss, um in der KI-Liga ganz oben mitspielen zu können (https://files.elfsightcdn.com/eafe4a4d-3436-495d-b748-5bdce62d911d/ef6fcf8b-10e9-437c-99b0-62833cfacf2e/An-Ambitious-Agenda-for-European-AI.pdf):

1. Klare Regeln für KI
Heute gibt es über 100 Gesetze in der EU, die mit Technologie zu tun haben. Dies soll vereinfacht und verständlicher

gemacht werden. Unsicherheit in diesem Gebiet behindere Investitionen in KI, da Unternehmen möglicherweise nicht sicher sind, was erlaubt ist und was nicht.

2. Bessere Datennutzung

Wie wir wissen, sind Daten die Grundlage für KI. Europa verfügt über wertvolle Datensätze. Leider ist es heutzutage oft schwierig diese zu nutzen, da es komplizierte Regeln zum Datenschutz gibt. Sichere und innovationsfreundliche Datenumgebungen könnten eine bessere, länderübergreifende Zusammenarbeit (beispielsweise im Bereich des Gesundheitswesens) ermöglichen. Erreicht werden könnte dies mit vereinheitlichten Regeln für die Datenverwaltung und Compliance.

3. Investitionen in KI

Die Initiative will es Unternehmen leichter machen, Geld für die KI-Forschung und -Entwicklung zu bekommen. Dies soll insbesondere durch den Abbau von Bürokratie ermöglicht werden.

4. Bessere KI-Infrastruktur

Wir erinnern uns an den KI-Baum: Die Wurzeln sind die Infrastruktur. Die Initiative ist der Meinung, dass Europa eine bessere Infrastruktur braucht. Das bedeutet zum Beispiel mehr Rechenzentren und schnellere Internetverbindungen. Unternehmen sollen hier zusammenarbeiten, um diese Infrastruktur aufzubauen.

5. KI-Wissen in der Bevölkerung

Menschen sollten KI verstehen und nutzen können. Derzeit wird hier eine große Lücke gesehen, die zu verpassten wirtschaftlichen Chancen führt. Daher schlägt die Initiative vor, EU-weit systematisch Kurse und Schulungen für die Bevölkerung anzubieten, um das Wissen und Vertrauen in KI zu stärken.

Zusammengefasst

Es lässt sich zusammenfassen, dass die "EU AI Champions Initiative" Europa in Sachen KI ganz nach vorne bringen will. Dafür sollen kluge Köpfe gefördert, KI schneller in Unternehmen eingesetzt und Europas Wirtschaft stärker werden. Wichtig sind einfachere Regeln, bessere Nutzung von Daten und mehr Investitionen.

Analog zu unserem Baumbeispiel denke ich, dass insbesondere die Themen Infrastruktur und Daten eine große Rolle spielen. Aber definitiv nicht zu unterschätzen ist der Punkt bezüglich des KI-Wissens in der Bevölkerung. Möglichst viele Menschen einzubinden und auf die Reise in die Zukunft mitzunehmen, halte ich für extrem wichtig. Dafür werden meiner Meinung nach unterschiedliche Ansätze vonnöten sein, abhängig von Vorwissen, Interesse und Motivation. Bereits jetzt gibt es schon tolle Initiativen und Weiterbildungsangebote, die das Eingangstor zu einer neue Welt sind.

DEIN TICKET: DIE ZUKUNFT BEGINNT JETZT

Die industrielle Revolution hat vor Generationen die ganze Welt unumkehrbar verändert. Heute stehen wir an einem neuen Wendepunkt, einer technischen Revolution, deren Auswirkungen wir nur in Ansätzen erahnen können. Künstliche Intelligenz hat sich von einem abstrakten Konzept zu einer greifbaren Realität entwickelt, die immer mehr Bereiche unseres Lebens beeinflussen und verändern wird.

KI wird Menschen nicht ersetzen. Aber das zukünftige Gewinnerteam wird das Team aus Mensch und KI gemeinsam sein. KI wird unser Potential erheblich erweitern. Damit dieses Team erfolgreich ist, müssen wir lernen, effektiv mit unserem Partner Maschine zu kommunizieren. Nun kommt das Prompt Engineering ins Spiel. Wir können auf ganz unterschiedliche Art und Weise mit KI kommunizieren. Mit mehr Erfahrung und Übung werden wir unsere ganz individuelle Promptingmethode entwickeln. Das Beste daran ist, dass wir hier nicht an eine formelle (Programmier-)Sprache gebunden sind. Wir können die Kommunikation mit KI in der Sprache und auf die Weise führen, die uns am meisten liegt – schriftlich, mündlich oder auf andere Weise.

Heutzutage gibt es Weiterbildung wie Sand am Meer - oft sogar kostenlos und sie ist rund um die Uhr über deinen Rechner oder dein Handy verfügbar. Die wahre Herausforderung besteht eher darin, das passende Angebot aus der Flut an Möglichkeiten zu finden. Früher gab es Weiterbildung meist exklusiv nur für ein entsprechend zahlendes Publikum, gegebenenfalls sogar nur nach vorheriger (Hoch-)Schulausbildung. Einschränkende Voraussetzungen für die Weiterbildung gibt es jetzt kaum noch bzw. nicht mehr. Damit gibt es keine Ausreden, nicht direkt loszulegen.

KI ist auch ein Wettlauf auf nationaler Ebene. Der Erfolg einer Nation wird maßgeblich bestimmen, wie unsere Zukunft – und die unserer Kinder – aussehen wird. Es ist jetzt entscheidend, unser Land fit für die Zukunft zu machen. Und das beginnt bei uns allen.

Die Zeit des Abwartens ist vorbei - die Zukunft mit KI hat bereits begonnen. Du hast dein Ticket in der Hand. Nutze die Chancen und mache einen Unterschied. Für dich und für uns alle.